ダウン症の子どもがいきいきと育つ
ことばとコミュニケーション

家族と専門家のための実践ガイドブック

リビー・クミン 著 言語療法士
梅村 浄 ほか訳 小児科医

MC メディカ出版

Early Communication Skills for Children with Down Syndrome
A Guide for Parents and Professionals
by Libby Kumin —— 2nd ed.
Copyright © 1994, 2003 Woodbine House
Japanese translation rights arranged with Writers House LLC
through Japan UNI Agency, Inc., Tokyo.

謝　辞

　私は長年、ダウン症の人たちやその家族と一緒に仕事をしてきました。少しでもお役に立てたのであればとても光栄ですし、これからもダウン症の人たちが充実した人生を送ることができるよう、この仕事を続けていきたいと思っています。

　これまで私を支えてくれた人々に感謝します。両親は私を愛し、支えてくれました。社会に役立つ仕事を続けてきた二人の生き方は、幼い頃から私の目標でした。夫のマーティンは、私が人間として、専門家として成長できるよう、後押ししてくれました。息子のジョナサンは、いつも私に元気を分けてくれました。

　また私はリサ・ショーエンブロトをはじめとする、ロヨラ大学言語病理学部のすばらしい仲間に恵まれました。ロヨラ大学にダウン症センター（The Down Syndrome Center for Excellence）を設立することができたのは、この仲間たちのおかげです。シェリル・マザイカ・カウンシル、ミナ・シレスキー・グッドマンとは20年以上にわたるつきあいで、現在、世界の臨床の現場で用いられている理論や実践方法を考え出してきました。専門知識と経験とに裏づけられた二人の熱心な仕事ぶりは、友情の証でもありました。

　私がウッドバイン・ハウス出版から刊行する本は、これで3冊目になります。3冊すべての編集に携わってくれたスーザン・ストークスは、腕利きの編集者です。スーザンは読者の立場にたち、わかりやすく実用的な本作りを心がけてくれました。また同じくウッドバイン・ハウス出版のブレンダ・ルビー、フラン・マリナッチオ、ベス・ビンズに感謝します。ジョアン・メドルンには何度も原稿をチェックしてもらい、一緒に話し合いました。

　ほかにも私の専門的視野を広げてくれた同僚がたくさんいます。また、多くの親御さんが、自らの経験を共有させてくれました。ここに書ききれない多くの方々とともに過ごしてこられたことに、とても感謝しています。

はじめに

　私たちは常にコミュニケーションをとっています。意識的に、あるいは無意識のうちに、ことばや身振り、表情、さらにはファッションでも自分を表現しています。「おはよう」の一言でも、いろいろな気持ちが伝わります。笑顔で足取り軽く歩いていると、幸せな気持ちが伝わってきますし、目を赤く腫らしている人は、泣いたばかりだとわかります。タキシードやベルベットの服を着ていれば、これから結婚式に行くところでしょうし、シャツにネクタイを締めている人は、これから仕事だということがわかります。乳児は顔なじみの人を見ると喜んで笑いかけ、よちよち歩きのころには、クッキーに手が届かないと、泣いて訴えるようになります。

　ダウン症の子どもたちにとっても、コミュニケーションは必要不可欠です。ダウン症の子どもは、幼いうちから泣いたり微笑んだり、身振り手振りで相手にわかってもらおうとします。もちろんまだ意識的ではありませんが、身近な人からのさまざまな反応を見て、伝えることの意味に気づいていくのです。

　ダウン症の子どもは人なつこい性格で、人とかかわりたい気持ちが強いのに、コミュニケーションがうまくとれないことが少なくありません。それは、コミュニケーションを難しくする要因をいくつも持っているからです。

　これらの要因の中には、ダウン症の子どもに多く見られるものもあります。しかし、いわゆる「ダウン症特有の話し方」などというものは存在しません。ことばの発達に影響を与える要因は、ダウン症に限らず生じるものですし、それぞれに対処することができます。この本は主に乳児期から幼稚園までの年齢を対象としています。学童期や青年期については、次巻で取り上げます*。

　ダウン症の子どものコミュニケーションには個人差があり、問題点もさまざまです。難聴や自閉症、重い医学的問題を合併している子どもは、ことばの遅れが大きくなりますが、まわりの人をお手本にしながら、徐々に覚えていきます。

　言語療法士はコミュニケーションの問題を評価、指導する専門家です。さらに、摂食指導の専門家、作業療法士、感覚統合の専門家、音楽療法士、幼稚園の先生も、子どもの言語発達を支えてくれます。

　親ができることもたくさんあります。コミュニケーションは生活の一部ですから、生活の中で学び、実際に使ってみるのが一番よい練習になります。食事、買い物、寝る時などに、ことばを教えることができるのは親だけです。

　自信がないという人もいるかもしれません。しかし心配はいりません。ダウン症の子どもに対しても、ほかの子どもと同じように教えればいいのです。何度も繰り返し、ゆっくり注意深く教える必要はありますが、お兄ちゃんやお姉ちゃんと同じ方法でやってみてください。

　ただ、自分ひとりでやろうとは思わないでいただきたいのです。コミュニケーションを伸ばすには情報が

必要です。言語療法士は専門知識や情報を持っていて、どうサポートしたらいいかについて教えてくれます。

　この本は二つの目的を持って作られています。ひとつは家庭でコミュニケーションを育てる方法を提案することです。コミュニケーションやダウン症に関する基本的な知識に加え、家庭でできる課題を紹介し、日常生活の中でコミュニケーションを伸ばすためにどう接したらいいかを提案しました。

　もうひとつは、言語療法士と協力していく上で役立つ知識を紹介することです。コミュニケーションの発達過程や専門用語、言語療法士がコミュニケーションを評価・治療する方法を説明しています。

　この本が、ダウン症の子どもたちにとって、社会参加への扉を開くきっかけになってほしいと思っています。私は35年前からたくさんの子どもとかかわってきました。かつてはダウン症の子どもは施設に隔離され、コミュニケーションの機会などありませんでした。現在は家族と暮らし、社会に参加する機会に恵まれています。

　親、専門家、家族、友人、この分野を勉強中の人など、それぞれに立場は違っても、ダウン症の子どものコミュニケーションを育てるために、お互いに助け合っていきましょう。

＊Kumin, L.（2008）. Helping Children With Down Syndrome Communicate better: Speech and Language Skills for Ages 6-14. Woodbine House.（2010年時点で日本語訳は出版されていません）

ダウン症の子どもがいきいきと育つ
ことばとコミュニケーション

謝　辞 …………………………………………………………………………… 3

はじめに ………………………………………………………………………… 4

翻訳者一覧 ……………………………………………………………………… 8

第1章 言語・話しことば・コミュニケーション ………………………… 10

第2章 ダウン症の子どものことば ………………………………………… 14

第3章 赤ちゃんを迎えて一家は大忙し …………………………………… 28

第4章 最初のことばが出るまで
　　　　　―言語の前ぶれ― ……………………………………………… 36

第5章 一語文期 ……………………………………………………………… 56

第6章 二語文期・三語文期 ………………………………………………… 70

第7章 言語を支える二本の柱
　　　　　―語彙と文法― ………………………………………………… 78

第8章 話しことばと明瞭度の問題 ………………………………………… 90

第9章 ことばの音を学ぶ
　　　　　―構音と音韻― ………………………………………………… 106

第10章 語用論
　　　　　―生きたコミュニケーション― ……………………………… 120

Contents

- **第11章** 話しことばを使わないコミュニケーション
  ―拡大・代替コミュニケーション― 128
- **第12章** 言語の評価 140
- **第13章** 言語療法の実際 150
- **第14章** 読み書きと言語 160
- **第15章** 学校と地域でのコミュニケーション 170
- **第16章** おわりに 180

付録
- ダウン症の子どものコミュニケーション評価ガイドライン 184
- ダウン症の子どもの言語療法ガイドライン（誕生から6歳まで） 186
- 言語療法計画立案用紙（始語まで） 188
- 言語療法計画立案用紙（始語から6歳まで） 189
- ダウン症の子どものための発話明瞭度評価用紙 190
- ダウン症の子どものための発話明瞭度指導計画立案用紙 192

参考文献・推奨文献 194

翻訳者あとがき 208

索　引 212

装幀／藤田修三、カバー画／三田圭介

翻訳者一覧

監訳・編集・撮影
梅村　浄　　　元梅村こども診療所
尾本友世
矢崎真一　　　ファーストハンドコミュニケーション

翻　訳

秋山　玲	緑成会病院	安次嶺千弥子	日本福祉教育専門学校言語聴覚療法学科学生
井形理津子		石川亜希	
市川静香	筑波記念病院	伊東さやか	
稲葉知子	小張総合病院	内田由実	
宇津木麻衣子	富家病院リハビリテーション室	烏野幹夫	元梅村こども診療所
太田有香	鶴巻温泉病院リハビリテーション科	大野有紀子	
大平智也	東所沢病院	岡野靖之	つくばセントラル病院総合リハビリテーションセンター
小野富美子		小幡育代	精神発達障害指導教育協会
鎌田郁子	東京リバーサイド病院回復期リハビリテーション	河人亜紀	
工藤聡美	国分寺病院リハビリテーション科	小島理紗子	
佐伯理絵		澤田一穂	独立行政法人国立病院機構長野病院リハビリテーション室
渋谷文恵	高橋脳神経外科病院リハビリテーション部	杉田乃絵	日本福祉教育専門学校言語聴覚療法学科学生
鈴木なつみ	日本福祉教育専門学校言語聴覚療法学科学生	高畑菜実子	敬心クリニック
塚原桂子	日本福祉教育専門学校言語聴覚療法学科学生	津田遼子	日本福祉教育専門学校言語聴覚療法学科学生
堤　有子		永井　明	NTT東伊豆病院療法室
中島明子		永積　渉	
中村満希		中元則子	元梅村こども診療所
南雲　海	七沢リハビリテーション病院脳血管センターリハビリテーション局言語科	沼野有希	日本福祉教育専門学校言語聴覚療法学科学生
野田瑛子		野波尚子	日本福祉教育専門学校言語聴覚療法学科学生
埴田悠子	群馬大学医学部付属病院耳鼻咽喉科	藤井　藍	日本福祉教育専門学校言語聴覚療法学科学生
藤倉由美	松戸神経内科	府中圭子	日本福祉教育専門学校言語聴覚療法学科学生
細川淳嗣	県立広島大学保健福祉学部コミュニケーション障害学科	前川友絵	秀和綜合病院リハビリテーション科
松尾真佐代	公立図書館勤務・学校図書館司書教諭	松野史恵	
水野美香		森田泰子	富家病院リハビリテーション室
横内節子	聖テレジア病院	竜崎　彩	市川市こども発達センター発達相談室
渡辺尚代			

写真協力
海人くん　航希くん　秀斗くん　朋己くん　穂乃香ちゃん
未来くん　明花ちゃん　香木ちゃん　結人くん　凛くん

第1章

言語・話しことば・コミュニケーション

基本用語の理解

　言語、話しことば、コミュニケーションといったことばは、暮らしの中でとてもよく使われています。この三つは、同じようなものだと思われがちですが、実はそれぞれ違った意味を持っています。ダウン症の子どものことばの特徴について理解し、コミュニケーションの力を伸ばすために、まず、この三つの違いをはっきりさせておきましょう。

● コミュニケーションとは

　言いたいことを相手に伝え、言われたことを理解することをコミュニケーションといいます。言いたいことを伝えるには、話しことばを使います。しかし実は身振りや表情、姿勢、声の調子の変化が、場合によってはことばよりもたくさんのことを伝えます。こういったすべてを含めたものがコミュニケーションです。しかめっつらで、皮肉っぽく「あの娘が一緒に来てくれたらうれしいのになあ」と言ったら、それを聞いた人は、「本当は来てほしくないんだな」と思うでしょう。

　コミュニケーションをとる方法は、話しことば以外にもいろいろあります。手話、表情、指さしのような身振り、さらにはモールス信号や、のろしもあります。小さな赤ちゃんでさえ、泣き声や表情で、「お腹が空いているよ」とか、「気持ちが悪いよ」と伝えることができるのです。

● 言語とは

　言いたいことを互いにやりとりする時に、私たちは言語を使います。言語は、相手に伝えたい内容をことばという記号に置き換えて表現するものです。実物を見せる代わりに、それを表す記号を使って言いたいことを伝えます。例えば、買い物に行きたい時に、買い物バッグを相手に見せたりはしません。言語は人間が勝手に作った記号のシステムで、物や、人との関係や、社会の出来事について伝え合うために使われます。同じ言語圏の人ならば、誰でも理解することができます。赤ちゃんは大人

のやりとりを聞いて、言語を覚えます。言語は人間が作った記号ですから、使いこなすためにはひとつひとつ覚えなくてはなりません。

テレビはなぜ「テレビ」なのでしょうか。テレビに「テレビらしさ」などどこにもないのに、「テレビ」と言ったら、誰でもピンときます。「お楽しみ箱」と言っても伝わりません。相手にわかってほしいから、私たちは共通の言語を使おうとするのです。

言語には、言われた内容を理解するという流れと、伝えたいことをことばで表現するという流れがあります。言われた内容を理解しようとする時には、記号を読み取ります。これが「言語理解」です。自分が伝えたいことを表現する時には、記号に置き換えます。これが「言語表現」です。ダウン症の子どもたちは、言語表現より言語理解が得意です。

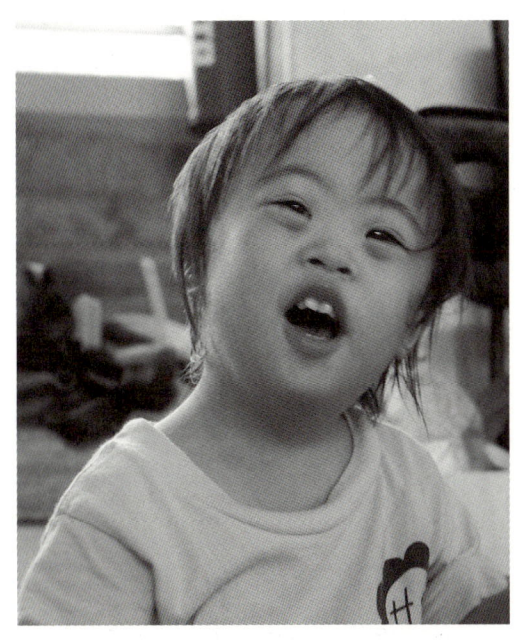

話しことばは言語を記号化し、表現する方法のひとつです。手話や書きことばも言語表現です。

● 話しことばとは

話しことばは、声に出された言語のことです。音を組み合わせてことばにします。ことばで話せば、何をしたいと思っているかを簡単に伝えることができます。「アップルジュースがほしい」と言うほうが、冷蔵庫を指さすよりも、明確に伝えられます。話すことはとても複雑で難しい作業です。顔やのどの筋肉を、強弱をつけて、タイミングよく動かさなくてはなりません。また、伝えたいことを頭の中で組み立てて声に出して表現するために、脳内のネットワークを広範囲に連動させなくてはなりません。これが、コミュニケーションでいちばん難しい点なのです。

ダウン症の子どもは、話しことば・言語・コミュニケーションの中では、話しことばが一番苦手です。話せるようになる数か月、あるいは数年前から、コミュニケーションをはかることができます。言語の力も持っているし、自分から伝えたい気持ちもいっぱいなのに、話すことだけが遅れてしまうのです。

頼りになる言語療法士を見つける

コミュニケーションの力を伸ばすには、言語療法が必要です。言語療法士はコミュニケーション・言語・話しことばにおける問題点を見つけて、言語療法を行います。ダウン症の乳幼児のための言語療法プログラムを立ててもらう時には、次のようなことに気をつけてください。

①頼りになる言語療法士に依頼しましょう。
②プログラムは、それぞれの子どもの必要に応じて作りましょう。
③話しことばが使えるようになるまでは、サイン言語*1のような代わりのコミュニケーション手段を積極的に取り入れましょう。
④実績のある、効果的な練習方法を取り入れましょう。
⑤言語療法で練習するだけではなく、毎日、生活の中でも練習できるように、家族にもやり方を教えて、つきあってもらいましょう。

　言語療法を行う人を、一般にスピーチ・セラピストやことばの先生などと呼びますが、持っている資格や経歴はさまざまです。ぜひ、言語療法士の免許を持っている人に教えてもらいましょう*2。
　しかし、免許を持っていても、その人がダウン症の子どもとかかわった経験があるかどうかまではわかりません。ダウン症の子どものコミュニケーションの問題は、どの子どもにも起こり得るものです。ところが、経験のない言語療法士の中には、話しことばの問題はダウン症にあるとして、言語療法が有効だということに気づいていない人もいます。ダウン症の人と長くつきあってきた言語療法士であれば、そういうことはありませんから、安心して子どもを任せることができます。

● ひとりひとりに合った言語療法とは

　せっかく言語療法を受けても、「ダウン症の子どもにはこれ」「脳性まひの子どもにはこれ」という画一的なプログラムでは、子どもの持っている力を引き出すことはできません。「ダウン症の子どもは2歳になるまで言語療法は行いません」とか、「お子さんが話し始めるまでは言語療法は行いません」などと言わせておいてはいけません。ことばを話し始める前から、将来のためにさまざまな働きかけをすることができます。いつからでも、その子どもに合った言語療法が受けられるようにすべきです*3。

● 家族の協力が大切

　言語療法士は専門知識や情報を持っていて、コミュニケーション力を高めるための手助けをしてくれます。さらに、家族、通園施設の職員、担任の先生、作業療法士、理学療法士、友だち、近所の人たちにも協力してもらいましょう。言語は暮らしの一部であり、日々の生活の中で身につけるものです。基本的な技術は専門家から教えてもらうことができますが、実際のコミュニケーションは実生活で、体で覚えるものです。
　私たちは、ダウン症の赤ちゃんが生まれた、あるいは妊娠中に赤ちゃんがダウン症だと診断されたお父さ

んやお母さんに、参考書を紹介しています*4。本を読んでから話し合いに参加してもらい、言語を理解する前や、ことばを話し始める前のコミュニケーションのとり方について知ってもらいます（第3章と第4章を参照してください→第3章→28p〜、第4章→36p〜）。また、子どもたちがことばの練習をしているところを見学してもらい、家庭でできることばの練習法を教えています。

*1　サイン言語
ここでは手話に加え、日常の動作をイメージしやすくした身振りも含めて「サイン言語」とします。詳しくは第5章と第11章を参照してください（第5章→56p〜、第11章→128p〜）。

*2　免許を持っている人
日本では、言語聴覚士の資格を持つ人が病院や福祉施設で言語療法を行っています。学校のことばの教室では、教員免許を持った先生が主に指導に当たっています。

*3　言語療法を受ける
地元で言語療法に関する情報が得られない場合は、日本ダウン症協会に問い合わせてみてください。
日本ダウン症協会
電話　03-5287-6418
http://www.jdss.or.jp/

*4　参考書
日本で出版されている、ダウン症の子どものことばについて書かれた本を紹介します。1980年代から始められたダウン症の早期療育の取り組みをまとめたものです。
『新 ダウン症児のことばを育てる：生活と遊びのなかで』池田由紀江ほか編著（福村出版、2010）

第2章

ダウン症の子どものことば

　子どもはみな同じタイミングでことばを話すようになるわけではありません。話し始めるのが早い子もいれば、遅い子もいます。ダウン症の子どもはコミュニケーションの発達が遅れがちですが、その程度には個人差があります。表1に、ダウン症の子どものコミュニケーション発達の目安についてまとめました*1。

感覚と知覚

　ことばの発達のためには、まず、土台となる感覚や知覚がうまく働かなくてはなりません。感覚とは、周囲の物を、見たり、聞いたり、触れたり、味わったり、嗅いだりすることです。知覚とは、感じたことの意味を理解することです。聴覚に例をとると、感覚は声を耳で聞き取ることです。知覚はそれがお母さんやお父さんの話すことばだとわかることです。

　ことばを学ぶためには、言われたことを聞き取るだけでなく、何を聞いたかを知覚しなくてはなりません。物の名前を覚えるには、物を漠然と見るだけではなく、注目することが必要です。また、唇や舌が動く感覚を感じ取り、どう動いたかがわからないと、発音の仕方は覚えられません。

＊1　発達の目安
英語圏のデータは日本語のものとは異なる可能性があります。おおよその参考程度に考えてください。

＊2　クーイング
泣き声や叫び声ではない、ゆったりとしたくつろいだ声。

＊3　喃語
ことばを話し始める前に出すようになる、「ババババ」などの連続音。

表 1 ダウン症の子どもの早期コミュニケーション発達

第2章 ダウン症の子どものことば

できること	月 齢	研究者
泣く	12か月以前	Buckley, S. (2000)／Buckley, S.ほか (2001)
視線を合わせる（アイコンタクト）、見る	12か月以前	Buckley, S. (2000)／Buckley, S.ほか (2001)
共同注視	12か月以前	Buckley, S. (2000)
	12～24か月	Buckley, S.ほか (2001)
微笑む	12か月以前	Buckley, S. (2000)／Buckley, S.ほか (2001)
笑う、くすくす笑う	12か月以前	Chamberlain, CE.ほか (2000)
聴く（声や音）	12か月以前	Chamberlain, CE.ほか (2000)／Buckley, S. (2000)／Buckley, S.ほか (2001)
発声する、クーイング*2、母音のような発声	12か月以前	Chamberlain, CE.ほか (2000)／Buckley, S. (2000)／Buckley, S.ほか (2001)
話者交替（行動での交替も含む）	12か月以前	Chamberlain, CE.ほか (2000)／Buckley, S. (2000)／Buckley, S.ほか (2001)
喃語*3	12か月以前	Chamberlain, CE.ほか (2000)／Buckley, S. (2000)／Buckley, S.ほか (2001)
声の強さや高さの変化を使う	12か月以前	Chamberlain, CE.ほか (2000)
表情や身振り、サイン	12か月以前	Chamberlain, CE. ほか (2000)／Buckley, S. ほか (2001)
	12～24か月	Buckley, S. (2000)
声や動作、音、単語の模倣	12～24か月	Chamberlain, CE.ほか (2000)
3か所の身体部位を指示通り指せる（目、鼻、口）	13～25か月	Buckley, S.ほか (2001)
表情豊かにことばらしきものを話す	12～30か月	Buckley, S.ほか (2001)
始語が出る（言うもしくはサインで表す）	12～60か月	第5章表1参照（→57p）
いくつか単語を交えてジャーゴン*4を話す	24～36か月	Chamberlain, CE.ほか (2000)
物の名前を言うと絵を指す	24～36か月	Chamberlain, CE.ほか (2000)
自分から会話を始める（指さし、要求する）	24～36か月	Chamberlain, CE. ほか (2000)／Buckley, S. ほか (2001)
50～100語を理解する	24～36か月	Chamberlain, CE.ほか (2000)／Buckley, S. (2000)

● 聴　覚

　子どもはまわりの人が話すのを聞いてことばを覚えます。ダウン症の子どもは聴力の低下があることが多く、ことばの発達が妨げられます。身振り、絵、文字のような視覚的な手がかりを使うと理解しやすくなります。特に教室のようにうるさいところでは、人の声とまわりの雑音とを区別しにくいので、話しことばを聞き取りやすくして、ことばの学習が進むようにしましょう。

　聞こえの良さは、ことばの発達に不可欠ですから、定期的に耳鼻咽喉科でみてもらいましょう。ダウン症医療団体（Down Syndrome Medical Interest Group；DSMIG）による、ダウン症の人の健康管理ガイドライン*5では、生まれてすぐに1回、3歳になるまでは6か月に1回、その後も成人するまで年1回は聴力検査を行うよう推奨しています*6。

聴力検査の結果の見方

　乳幼児の聴力検査には、いくつかの種類があります。生まれたばかりの赤ちゃんでも、脳波などを測定して聴力を測ることのできる検査があります。「専門用語の理解のために」（→18p～）を参照してください。

　聴力検査で、子どもが聞こえる一番小さな音（閾値）がわかります。閾値が15デシベル以下ならば、聴力は正常です。デシベルdBは、音の大きさを表す単位です。15dBの閾値を持つ子どもは、15dBより小さい音は聞こえないという意味です。

　15～30dBの閾値の子どもは、軽度の難聴です。母音は、はっきりと聞きとれますが、子音の中に聞きと

*4　ジャーゴン
ジャルゴンともいいます。意味のない発声ではありますが、喃語のような音の反復ではなく、話しているように聞こえる発声のことです。

*5　ダウン症の人の健康管理ガイドライン
Healthcare Guidelines for Individuals with Down Syndrome（英語）
http://www.ds-health.com/health99.htm

*6　健康管理
聴覚を含め、健康管理全般に関する参考書・ウェブサイトとして以下のようなものがあります。
『ダウン症児すこやかノート：成長発達の手引きと記録』藤田弘子ほか編著（メディカ出版、2006）
『ダウン症候群児・者のヘルスケアマネジメント：支援者のためのガイドブック』岡本伸彦ほか監修（かもがわ出版、2010）
Down Syndrome: Health Issues（英語）
http://www.ds-health.com/

りにくい音があります。まわりに雑音があると、人が話すことばが理解しにくくなります。

30〜50dBの閾値の子どもは、中等度の難聴です。普通の大きさの声が聞きとりにくくなります。音や会話を聞きとれるように、補聴器などで音を大きくする必要が出てきます。

50〜70dBの閾値の子どもは、高度の難聴です。ことばを聞いたり話したりするために、常に補聴器が必要となります。

70dBより大きな閾値の子どもは、重度難聴です。話しことばを習得するために継続的な言語療法が必要です*7。高度難聴や重度難聴がある場合には、ダウン症と難聴という二つの診断名がつきます。

ダウン症の子どものほとんどは、軽度から中等度の伝音性難聴です。最終的には話しことばを主たるコ

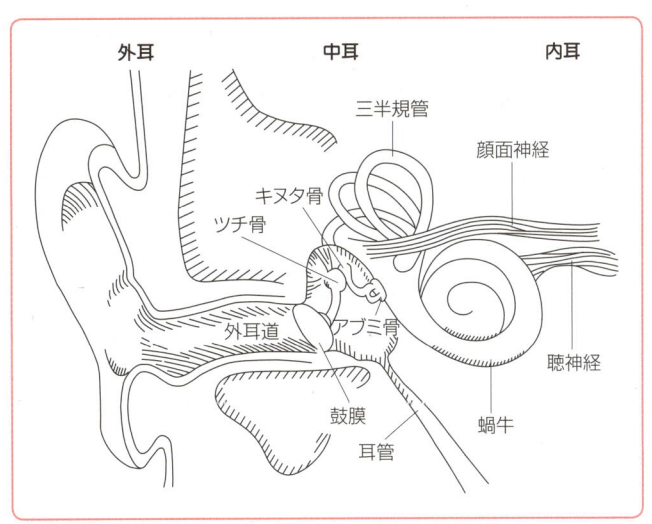

図 1　耳の解剖図

＊7　難聴の区分のしかた
この定義はアメリカのものです。日本の聴覚障害の定義は軽度難聴30〜39dB、中等度難聴40〜69dB、高度難聴70〜99dB、重度難聴100dB以上となっています。

専門用語の理解のために

耳鼻咽喉科でよく使用される用語について説明しておきます。

耳管

中耳から鼻咽腔（鼻の奥）につながる管で、耳と外気の圧力を同じに保っています。鼓膜の両側で気圧が等しくないと鼓膜は振動できず、十分に音を伝えられません。アレルギーや風邪で耳管が腫れると、中耳の滲出液は外に出られず、鼓膜の内側にたまっていきます。

中耳

外耳道から内耳へ音を伝える部分で、鼓膜の内側にあります。中耳には鼓膜、耳小骨（ツチ・キヌタ・アブミ骨のことで、それぞれ金槌、砧、鐙の形をしている）、顔面神経、耳管があります。医師は鼓膜を通して中耳にたまった滲出液の状態を診断します。

中耳炎

中耳の炎症です。

滲出性中耳炎

炎症に加えて滲出液が見られます。漿液性中耳炎ともいわれ、英国には「glue ear（膠耳）」という表現があります。

慢性滲出性中耳炎

滲出液が3か月以上、中耳にたまっている状態を指します。

急性中耳炎

中耳の感染症で、耳の痛みを訴え、熱が出ます。滲出液が見られることもあります。鼓膜が破れると耳漏(耳だれ)が出ます。

伝音性難聴

中耳で音が伝わりにくくなって、聴力が低下した状態です。

デシベル

音の強さや大きさを表す尺度で、dBと省略して表記します。会話音はおよそ60dBです。地下鉄やジェット機の騒音などのように130dBを超える音は痛みを引き起こし、聴力を損傷します。

周波数

周波数は、1秒間に起こる空気の振動数のことで、音の高さを表します。ヘルツ（Hz）で表されます。会話音の周波数は500〜2,000Hz、高周波数音は8,000Hz、低周波数音は250Hzです。

気密耳鏡

空気を外耳道に送ることによって鼓膜の動きをみる医療器具です。

ティンパノメトリー

中耳の滲出液と圧力の検査で、鼓膜が音をどの程度伝えているのかを調べます。プローブ（柔らかい栓）を外耳道に入れ、低い音を聞かせます。プローブはティンパノメーターとつながっており、鼓膜の動きを調べます。滲出液があれば、鼓膜の動きが小さくなり、グラフは平らになります。正確な診断のために、ティンパノメトリーと気密耳鏡検査とを組み合わせて行います。

耳音響放射検査（OAE）

内耳の蝸牛殻には、小さい音を聞くのを助け、大きな音を抑制する有毛細胞があります。耳音響放射は正常な内耳が自発的に発生する信号ですが、伝わってきた音にも反応して発生します。耳音響放射の検査は痛みがなく、新生児や、中耳に滲出液や感染のある人でも安全に行うことができます。

聴性脳幹反応（ABR）

聴性脳幹反応は両耳にイヤホンをつけて、連続的にプツップツッという短い音を聞かせ、音に反応した脳波活動を測定します。客観的で安全な聴力検査法で、新生児の聴力スクリーニングや難聴のある乳幼児の検査に用いられます。

聴性行動反応聴力検査

音が聞こえているかどうか、自分から知らせることができない子どもに使われる方法です。スピーカーを通して話し声、純音、雑音（ノイズ）を聞かせます。音のほうを見る、目が大きくなる、視線を移す、おしゃぶりや呼吸のリズムが変わる、笑うなどの反応を見て、音が聞こえているかどうか判断します。

ミュニケーション手段にすることができますが、話し始めるのが遅れるため、サイン言語を使う期間が長くなります。高度難聴や重度難聴の場合、耳鼻科医、言語療法士、ろう学校の先生に、子どもに最も適したコミュニケーションの方法について相談してください。

難聴とダウン症

難聴は、伝音性難聴、感音性難聴、その二つが組み合わさった混合性難聴に分けられます。

伝音性難聴

ダウン症の子どもの約65〜80％に伝音性難聴がみられます。一番多い原因は滲出性中耳炎と急性中耳炎です。耳の中の感染や滲出液が、音が伝わるのを妨げるために起こります。ダウン症の子どもは中耳炎を繰り返しやすいうえ、外耳道が細く耳管の働きも悪いため、鼓膜の内側に滲出液がたまりやすくなります。

中耳炎と難聴とことばの発達とは、とても深い関係にあります。滲出性中耳炎を繰り返している子どもは言語理解、言語表現、発音の、どの面においても遅れがみられるという研究結果もあります（Robertsほか［1997］）。

伝音性難聴は、音への注意力にも影響を与えます。周囲の音がしっかり聞こえなければ、音に注意を払えるようになりません。繰り返し何回もドアチャイムの音を聞いているから、その音に注意を向けられるようになるのです。伝音性難聴は聞こえの状態が変わりやすいので、音韻や発音の発達に影響が出ます。聞こえない音が抜けた状態で単語を覚えてしまうこともあります。

中耳炎の治療

聴力に影響しないように、中耳炎はできるだけ早く治療しましょう。抗生物質は中耳の炎症を抑えます。中耳炎を繰り返す子どもには、予防的に抗生物質が処方されます。場合によっては、滲出液を出すために鼓膜を切開してチューブを入れます。この

チューブが鼓膜の内側と外側の気圧を同じにします。鼓膜にチューブを埋め込む手術を鼓膜切開といいます。小児専門の耳鼻咽喉科医が、全身麻酔下に10～15分くらいの短時間で手術を行います。このチューブはしばらく固定されていますが、数か月から1年で自然に外れます。

ダウン症の子どもは、多くの場合、数年間中耳に滲出液がたまり続けるので、何回かチューブをつけ替える必要があります。それによって聴力を良い状態に保つことができます。

ダウン症の子どもの治療を専門とする耳鼻咽喉科医は、もっと積極的に中耳炎の治療を行うべきであると

授乳時の姿勢と中耳炎との関係

母乳で育てられた子どもには、中耳炎が少ないと報告されています。これには、母乳と哺乳びんでは赤ちゃんの飲む姿勢が違うことが関係しているようです。乳児にあお向けで飲ませたり食べさせたりすると、中耳炎の危険性が高くなります。この姿勢ではミルクやベビーフードが耳管から中耳へ逆流する危険性があるからです（Robertsほか［1997］）。ローゼンフェルド・ジョンソン［1997］は、赤ちゃんの頭が高くなる姿勢に抱いてミルクを飲ませると、耳より下に口がくるので、ミルクが耳管に流れ込みにくくなると言っています。取替えパック式哺乳びん[*8]を使えば、哺乳びんを口より高く持ち上げなくても、赤ちゃんがミルクを吸い上げることができるので、頭の位置を高くしたまま授乳することができ、耳管にミルクが逆流するのを防ぐことができます。しかも、ミルクを吸うために赤ちゃんが舌を収縮させるので、舌の発達を促すこともできます。

言っています。「慢性の耳疾患を持つダウン症の子どもは、生後まもなくから積極的でていねいな治療を始めれば、これまで報告されているより確実に高い聴力レベルを保つことができる」との研究結果もあります（Shottほか［2001］）。

　ダウン症の子どもは外耳道が細いため、普段使う器具で診察することができません。主治医に紹介してもらい、専門の器具を備え、専門の訓練を積んだ小児専門の耳鼻咽喉科医に、拡大耳鏡を使って鼓膜をみてもらってください。

感音性難聴

　ダウン症の子どもの中には感音性難聴の子どももいます。感音性難聴は内耳、聴神経、またはその両方が障害されて起こる難聴です。この場合、特定の周波数での聞こえが悪くなることがあります。感音性難聴の子どもは、補聴器をつけなければなりません。

騒々しい教室での聞き取り

　幼稚園の教室では、先生は最前列の子どもから約2～3mの距離にいて、後列からだともっと離れたところに立っています。教室の雑音は約60dBです。先生の声は62～64dBで、雑音より数dB大きいだけなので、軽度や中等度の難聴の子どもにとっては、とても聞き取りにくい状態です。

　FMシステム*9を使うと、先生のマイクから直接聞き手に音が伝わるので、周囲の雑音に関係なく、先生の声だけを大きくすることができます。集団や個人のFMシステムは軽度難聴の子どもに、両耳のFM補聴器*10・耳掛け形のFM補聴器・個人のFMシステムは中等度から重度の難聴の子どもによく使われています。どれを選べばよいかについては、言語療法士に相談してください。

＊8　取替えパック式哺乳びん
げっぷや吐乳を抑えるため、ビンの中に使い捨てのパックを装着する哺乳びんのことです。ミルクを吸い込むとパックが収縮するので、空気の飲み込みが少なくなります。

＊9　FMシステム
マイクを通して話すと、FM電波でスピーカーや補聴器に音が伝わる補聴機器。

＊10　FM補聴器
2010年現在の日本では、FM補聴器は販売されなくなり、補聴器にFMシステムを併用しています。

補聴器は小さな電子機器です。箱型のタイプは胸ポケットに入れるか、首からぶら下げます。耳の後ろに掛けるタイプや、外耳道の中に入れる小さなものもあります。小さいうちは補聴器をつけるのをいやがりますが、少しずつ慣らして、いつでもつけられるようにしてあげてください。私の経験では、人形に同じ補聴器をつけてみせると、自分もやってみようという気になるようです。

● 視　覚

　ことばを覚えるというのは、物と名前とを結びつけることです。子どもは一緒に蝶を見ながらお母さんの言う「チョウ」という単語と結びつけていくのです。追視、つまり動いている対象を目で追うことも、ことばを学ぶために大切です。動いている犬を目で追えるからこそ「イヌ」ということばを覚えることができます。

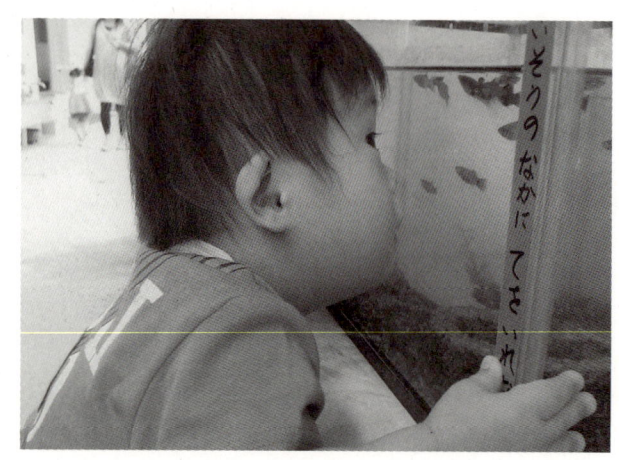

　焦点を合わせてはっきり見ることができなければ、ことばと物とを結びつけるのが難しくなります。ダウン症の子どもは視覚的な問題を抱えています。約50％の子どもが斜視で、目を外側や内側へ向ける筋肉の力がアンバランスです。近視や遠視の子どももいます。もし見ることに問題がありそうなら、主治医に子ども専門の眼科医を紹介してもらってください。

● 触　覚

　口の感覚は話しことばの発達に深い関係があります。ダウン症の子どもは触覚が鈍かったり、逆に敏感すぎたりすることがあります。触覚が鈍いと口の中に残った食べかすに気づかず、無意識に取り除くことができません。敏感すぎる子どもは顔や口のまわりにふれられるのをきらうので（これを触覚防衛といいます）、お風呂、着替え、洗顔、洗髪、耳そうじなどをいやがります。

　子どもは何でも口に入れて感触を確かめますが、感覚に異常があるとそれが楽しめず、唇や舌を動かす機会が減り、ますます感覚の発達が遅れてしまいます。触覚が発達していないと、自分の舌の位置が把握できず、うまく発音できません。触覚に問題があると思ったら、作業療法士[*11]に相談してみてください。

● 感覚統合

　ことばを覚えるには、耳や目や皮膚などから入ってくる感覚情報を同時に受け取って処理し、統合する力が必要です。お母さんのことばをまねするためには、それぞれの音を聞き分け、その音を出すために唇や舌をうまく使えなくてはなりませんし、ことばと物を結びつけるには、大人が何について話しているか、目で

見る必要があります。いろいろな感覚から入ってくる情報をまとめて、日常生活でうまく使うことを感覚統合といいます。

　ダウン症の子どもは、注意を集中して見て、聴いて、行動することを、時間をかけて学ぶ必要があります。一度に入ってくる感覚を同時に処理するのが難しいと、雑音に注意が向いてしまって、肝心な先生のことばに集中できません。感覚統合の問題によって、多動や衝動的な行動が起こり、コミュニケーションだけでなく、集中力や適切に行動する力も身につきにくくなってしまいます。感覚統合に関しては、作業療法士が相談に乗ってくれます。

● ダウン症の子どもの身体的特徴

　ダウン症の子どもは、筋肉や顔周辺の器官に次のような特徴があり、そのことが話しことばに影響を与えています。
・筋肉の緊張が低い（低緊張）。唇や舌、顎の筋肉が軟らかいので、動きをうまく調節することができません。
・唇や舌や顎を別々に動かせない。体の部位を別々に動かせるようになることを分離といいます。ダウン症の子どもは分離した動きが苦手です。
・舌の大きさに対して口腔が狭い。
・アデノイドや扁桃が大きく、アレルギーを起こしたり、風邪をひきやすいため、口呼吸になりやすい。
・口蓋が狭くて高いため、舌の動きが制限される。

　上に挙げた問題は、次のような点においても問題を起こし、話しことばの明瞭度（聞き取りやすさ）に影響を与えます。
・構音*12：唇や舌、顎、口蓋を動かして正確にはっきりと音を作ること
・流暢性：滑らかでリズミカルに話すこと

*11　作業療法士
日本作業療法士協会
http://www.jaot.or.jp/
American Occupational Therapy Association（英語）
http://www.aota.org/

*12　構音
「発音」と「構音」は意味はほぼ同じですが、医学用語では「構音」をよく使います。

- 配列：順序正しく音を発すること
- 共鳴：音色や声質（鼻にかかりすぎた声になったり、鼻が詰まったような声になったりする）

認　知

　ダウン症の子どもには知的な発達の遅れがあり、学ぶことが苦手です。中でもことばの学習は、推論、概念理解、記憶などの認知力や思考力に支えられているので、知的な発達の遅れはコミュニケーションの発達に大きく影響します。しかし、ゆっくりではあっても、子どものコミュニケーションは伸び続けます。ことばを聞いたり話したりする機会を増やして、ことばの概念の基礎となる経験をたくさんさせることが大切です。知的な発達の遅れのために影響を受ける認知能力について、いくつか説明します。

● 般　化

　般化とは、ひとつの場面で覚えたことを別の場面に応用する力です。小さな子どもはさまざまな色のブロックの中から、緑色のブロックを選ぶことはできても、木や草の緑、標識や広告の緑も同じ緑色だということがわかりません。しかし、これは少しずつ克服できます。

● 記　憶

　記憶は、知識、行動、出来事を覚えていて、必要な時に思い出すことです。記憶は長期記憶と短期記憶とに分けられます。長期記憶は楽器の弾き方や泳ぎ方など、身につけた運動技術、知識、出来事を思い出す力です。短期記憶は、常に情報を処理するために働いている記憶で、作業記憶ともいいます。短期記憶は、ことばを話したり、理解したりするために必要です。ダウン症の子どもは、聞いて覚えたことより、見て覚えたことを思い出すほうが得意です。

聴覚的記憶

　聴覚的記憶は、ことばの短期記憶です。聞いたことを覚えていて、必要な時に思い起こします。ダウン症の子どもはこの点に問題を抱えています。そのため、コートと手袋とをとるように言われても、最初に言われたコートしか覚えていないことがあります。目に見えるものを手がかりにしたほうが記憶しやすいので、ことばで言うだけでなく、ドアや自動車を指さして、「外に行くから」と言い、大人が先にコートや手袋を身につけると、指示に従いやすくなります。

視覚的記憶

　ダウン症の子どもは、聞いたことより見たことのほうが覚えやすいので、「3番目の棚にパンがあるわよ」と言われるより、棚から出すのを見た時のほうが記憶に残ります。ですから、話しことばよりもサイン言語のほうが覚えやすいのです。文字が言語発達を促すのも、文字が視覚的な情報だからです。

● **抽象的思考力**

　抽象的思考力とは、物事の関係や概念、規則、漠然とした考えを理解する力です。ダウン症の子どもは、抽象的なことを考えるのが苦手です。
・反対の概念（暑い／寒い、短い／長い）
・全く別のものに見えるものに、同じことばが使われる場合（プードル、ジャーマンシェパード、チャウチャウは、見た目が違うのに、全部「犬」と呼ばれる）
・語順で文の意味が変わること *13

　ダウン症の子どもはさらに「今日」や「来年」のような時間を表すことばが苦手です。抽象的なことばよりも、身近にある物を表す具体的なことばを使います。

● **情報の処理**

　私たちの脳は、目や耳などの感覚器官から受け取った情報を絶えず処理しています。私たちは周囲の光景や音など、身のまわりのことを感じ取り、理解して、それに対処しています。

視覚的処理

　ダウン症の子どもは、情報の処理に関しても聴覚的処理より視覚的処理のほうが得意です。コンピューター学習は、繰り返し見ることができるので、ダウン症の子どもの学習に効果的だといえます。同じように、話されたことばよりも、絵や文字やサインのほうが、子どもが概念を学ぶ時の助けとして有効です。

聴覚的処理

　ダウン症の子どもは、言われた情報を処理し、理解するのに時間がかかります。そのため聴覚的記憶に問

*13　語順で文の意味が変わる
日本語は語順ではなく助詞で意味が変わります。

題がなくても、質問に答えたり指示どおりに行動したりするのが遅れてしまいます。

聴覚的弁別

　ダウン症の子どもは、音の聞き分けも得意ではありません。これは、ことばの理解に影響を及ぼします。例えば「ロード（道）」と「ローズ（薔薇）」、「ランド（土地）」と「サンド（砂）」の区別がつきにくいです。滲出性中耳炎にかかっていると、さらに聞き違いが多くなります。

語想起

　ダウン症の子どもたちは、的確に単語を選んで話すのが苦手です。そのため、込み入った内容について正確に話したり、長い文を話すのがうまくありません。例えば「靴」を「靴下」と言ってしまったり、「ほら、あれ」とか「そんなやつ」と言ってしまうこともあります。

言語のアンバランスな発達

　ダウン症の子どもの言語の各分野の発達には、ばらつきがみられます。

● 言語理解と言語表出のギャップ

　ダウン症の子どもは、ことばで表現するよりも理解するほうが得意です。「言語理解」と「言語表出」とにギャップがあるのです。6歳のダウン症の子どもで、理解が4歳レベル、表出は2〜3歳レベルという場合もあります。

　子どもが質問に答えるのにつまずくと、「この子はわかっていない」と思ってしまいがちです。お母さんでさえも、返事をするのに時間がかかると、わかっていないと誤解してしまうことがありますが、もう少し待ってあげてください。ちょっとしたきっかけや、考える時間があれば、もっと答えられるはずです。

　ことばの表出の発達が遅れると、話す長さが短くなる、つまり、話す句や文に含まれる単語の数が少なくなります。発達に遅れのない子どもは、4歳で平均4.5語の文を使って話しますが、ダウン症の子どもは、4歳で平均1.5語、6歳半で3.5語です。これは学校の勉強では困るかもしれませんが、日常生活では問題にはなりません。短い文でも言いたいことは伝えられます。それに、まわりからの働きかけや言語療法で、話す長さを長くできます。家庭での接し方によっても、長い文を話せるようになります。

● 文法と語彙

　17か月までは、ダウン症の子どもの文法や語彙に遅れはみられませんが、26か月までには遅れが現れてきます。ダウン症の子どもは文法が苦手です。例えば、4歳相当の知的能力がある子どもでも、文法は4歳のレベルに達していません。

　語彙を増やすことはダウン症の子どもにとって、比較的得意なことです。語彙は経験の数に比例して増えるので、大人になっても新しい単語や概念を覚えようと心掛けることが大切です。ただ、抽象的に考えるのが難しいので、具体的な単語、特に名詞ばかりを使う傾向があります。また、同じ単語を繰り返し何度も使います。しかしその単語がその場にふさわしければ、ふだんの生活では問題ありません。日常のことばは、「こんにちは」や「またね」などのように、同じことばの繰り返しが多いものです。

● 語用論

　ダウン症の子どもが比較的得意とする分野のひとつが語用論（社会的なことばの使用）です。適切なあいさつ、順番を待ってから話すなど、会話の見えないルールを理解することや、相手によって話し方を変えることなどです。

　ダウン症の子どもは、身振りや表情といった、ことば以外の手段は上手に使います。質問をする、相手に説明を求める、話題をそらさずに会話するなどは苦手ですが、言語療法士や両親が助けてあげれば上達していきます。地域社会の中で活動する機会が多くなるにつれて、社会性のあることばの使い方が求められます。

第3章

赤ちゃんを迎えて一家は大忙し

　赤ちゃんが生まれて家族が増えると、お父さんもお母さんもとても忙しくなります。抱っこして、お風呂に入れて、休むひまもありません。その点ではダウン症の子どもも、ほかの子どもと同じです。しかし、ダウン症の子どもの中には医学的な治療や授乳の援助が必要な子どももいます。筋緊張の低い赤ちゃんは母乳を吸ったり、飲み込んだりするのが難しいことが珍しくありません。そんな時は事情に詳しい人に相談してください。言語療法士や作業療法士は、子どもがよいスタートが切れるように助けてくれます。同じ経験をしている先輩のお父さんやお母さんから情報をもらいましょう。地域の支援グループやインターネット上の支援グループに問い合わせることもできます*1。

　この章では、言語や話しことばの基礎について説明します。ここで紹介しているものは、生後間もなくから6～8か月までのダウン症の赤ちゃんに適していますが、手術をしたり、チューブ栄養を行っている場合は、時期がずれるかもしれません。

　いつ、どんなことに取り組めばよいのかは、赤ちゃんの状況によって違います。専門家は、成長に合わせて、感覚、運動、触覚などの、どこに働きかけるべきかを教えてくれます。

感覚の体験

　私たちは感覚を通して周囲の世界について学びます。よく知られている感覚には、見る（視覚）、聞く（聴

*1　支援グループ
日本ダウン症協会に問い合わせると相談にのってもらえ、各地の支部も紹介してもらえます。
日本ダウン症協会
電話　03-5287-6418
http://www.jdss.or.jp/
National Down Syndrome Congress（英語）
http://www.ndsccenter.org/
アメリカの団体。ダウン症の子どもに関する幅広い情報を提供しています。
National Down Syndrome Society（英語）
http://www.ndss.org/
アメリカの団体。ダウン症全般に関する情報や刊行物を提供しています。

覚)、さわる(触覚)、味わう(味覚)、嗅ぐ(嗅覚)があります。例えば、手でさわると、なめらかなのかざらざらしているのか、とがっているのかいないのか、大きいのか小さいのか、熱いのか冷たいのか、生ぬるいのかを知ることができます。

あまり知られていない感覚もあります。
①平衡感覚：体のバランスと動きについての感覚
②固有感覚：関節や筋肉がどの位置にあるのかについての感覚

平衡感覚は、身体のバランスを保つために、体の左右や、目、頭、体を協調して動かし、筋肉の緊張をコントロールするものです。固有感覚は、

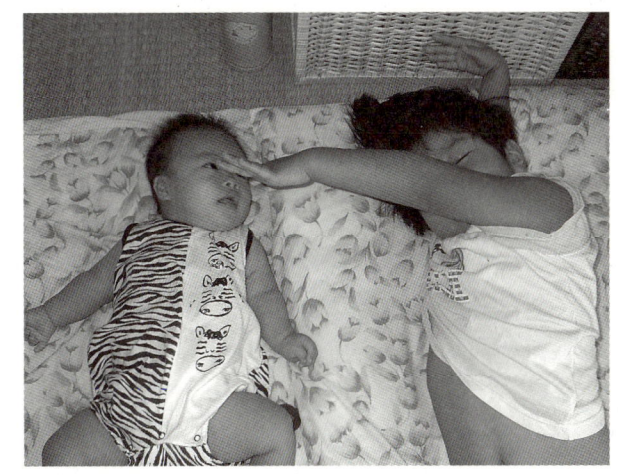

姿勢を保つために筋肉と関節から出される情報です。この情報のおかげで、私たちは意識しなくてもスプーンを正確に口に運ぶことができます。どちらも、正しくはっきり話すために重要な感覚です。

感覚統合

周囲からの感覚情報を正確に受け取り、適切に反応できるように情報を調整してまとめることを感覚統合といいます。情報を正確に受け取るのと同じぐらい、不必要な情報を捨てることも重要になります(例えば、雑音を無視すること)。

感覚統合障害

感覚情報を処理したり、まとめたりするのに問題があることを、感覚統合障害と呼びます。ダウン症の子どもにはよくみられ、騒音、歯磨き、散髪などのほか、違う食感のものが混ざった食べ物などをいやがります。32ページの囲み欄に、感覚の問題とコミュニケーションについてまとめました。

感覚統合の評価には親からの情報がとても大切です。音楽を聴きたがったり、おしゃぶりを吸ったりするなどの刺激をほしがってはいませんか？　ささいなことにも驚いて、目を閉じたり、両手で耳をふさいだり、泣いたりしていませんか？　生後数か月間は、赤ちゃんがどのように感じ、何に喜び、何をいやがるのかを知るための、とても大切な時期です*2。

● 視覚的体験

生後数か月間は、ある特定のもの、例えば赤などの明るい色や白黒など明暗のはっきりした色に興味を引かれます。また、近いところに焦点が合わせやすく、人の顔を好んで見るということもわかっています。

赤ちゃんがお母さんの顔をよく見るようになったら、声や表情をおもしろおかしく工夫して、できるだけ

長く赤ちゃんの興味を引いてみます。赤ちゃんの動きのまねをしたり、赤ちゃんの隣に寝転び、床まである大きな鏡を使って、一緒に顔をのぞき込んだりしてみましょう。できるだけ顔と顔とが近いほうが、赤ちゃんが注目しやすくなります。

赤ちゃんは常に周囲の環境から視覚的な刺激を受けています。部屋の中にカラフルなモビールや絵を飾って一緒に見るようにしましょう。ビーチボールを顔に近づけて、「ボールを見て。大きくておもしろいね」などと声をかけながら動かします。

ダウン症の赤ちゃんは筋肉の低緊張のために頭を持ち上げるのがたいへんで、人の顔や物に注目しにくいことがあります。ゆりかごの中に寝かせるか、頭を支えて、まわりがよく見える姿勢にすれば、人の顔を見て喜ぶようになるでしょう。あまり顔を見ない赤ちゃんもいますが、いつかは見られるようになるので、心配しないでください。

● 聴覚的体験

ことばを覚えるためには、ことばを聞く必要があります。赤ちゃんと声で遊びましょう。音を聞いたり、注意を向ける時間を長くしたりするために、次のような遊びをしてみましょう。

・おもちゃのアヒルを持って、「アヒルは何て鳴くかな？」「そうだね、クワッ、クワッ」と声をかけます。はじめのうちは、赤ちゃんの反応はあまり期待しないでください。生後12か月になる前には、音をまねするようになります。

*2 感覚統合

感覚統合に関する書籍・ウェブサイトには以下のようなものがあります。
『感覚統合Q&A：子どもの理解と援助のために』佐藤剛監修、永井洋一ほか編（協同医書出版社、1998）親向けの入門書です。
Kranowitz, CS. et al. The Out-of Sync Child: Recognizing and coping with Sensory Integration Dysfunction. Perigee, 1998.
『乳幼児期のための豊かな遊びと生活支援グッズの紹介』日本肢体不自由児協会心身障害児総合医療療育センターのウェブサイトから入手可能なパンフレットです。
http://www.ryouiku-net.com/research/pdf/index1_file2.pdf
日本感覚統合学会
http://www.si-japan.net/

・ガラガラや鈴など、音の出るもので遊びましょう。
・赤ちゃんの名前を呼びます。反応がなかったら、好きなおもちゃを振って注意を引いてから、もう一度名前を呼んでみましょう。
・音の出るモビールは、目と耳両方からの刺激になります。

　滲出性中耳炎で聴力が不安定な場合は、聞こえているのに注意を向けていないのではないかと誤解しがちです。顔を近づけて、赤ちゃんがあなたを見ていることを確認してから、もっと大きな声で話しかけてみましょう。

● 触覚的体験

　話すためには唇や舌を動かすだけではなく、その動きを感じ取ることも必要です。口には多くの神経が集中しています。口を動かしたり物をくわえたりすると、発音に必要な感覚が発達します。

　赤ちゃんの顎や顔、舌にやさしくふれたり、強くさすったりしましょう。ふわふわしたものやごわごわしたもので顔をなでると、触感の違いやどこをさわられているかを感じる感覚が育ちます。指やタオルで赤ちゃんと自分の唇に交互にさわるという遊びもお勧めです。1日1回やれば十分です。お風呂の時間は、スキンシップが自然にできます。

　スポンジやゴムなどの軟らかいおもちゃで、唇や頬、舌を刺激しましょう。自分からくわえようとしない時には、口のいやな感覚を取り除く方法を作業療法士に教えてもらいましょう。赤ちゃんがまねをして、口をたくさん動かすように、顔を近づけて唇や舌を鳴らしてみましょう。

感覚の問題とコミュニケーション

コミュニケーションに影響を及ぼす感覚の問題は下記の5つです。多くのダウン症の子どもがそのうちの少なくとも1つ、場合によってはすべてを持っています。自閉症が合併している場合は、感覚の問題も多くなる傾向があります。

感覚が過敏

見えるもの、音、接触、動きに対して過敏になります。不快な刺激があると飛び上がったり、体を縮めたり、その場面を怖がったりします。パリパリしたものや、舌ざわりの違うものが混ざった食べ物（マッシュポテトの中の豆など）を好まず、偏食になることもあります。

感覚が鈍感

刺激に対して反応が鈍い、反応がない、または自覚していない場合があります。その結果として、自分の指をかんだりしゃぶったり、手を振る、口に入れる、食べ物を口につめ込むなどの強い感覚を求めます。過敏と鈍感とをあわせ持ち、さらにそれが変動することもあります。

活動レベルが高すぎる、あるいは低すぎる

常に動き続けているか、逆に眠そうで疲れているように見えたり、動きがゆっくりだったりします。

協調運動障害

バランスをとりづらく、新しいこと、特にしたことがない動きをするのが苦手です。不器用でぎこちなく見えます。ダウン症の子どもには筋緊張の低下による協調運動の障害があります。感覚の問題があると、さらに動きが悪くなります。

行動の組織化の障害

新しい状況への適応や、行動の変更が苦手です。寝つきや寝起きが悪くなることがあります。衝動的だったり、注意散漫だったりします。

コミュニケーションの体験

コミュニケーションの基礎の中には、乳児期に形作られるものがあります。この基礎を築くためには、親の役割が重要です。

● 乳児期の話者交替

コミュニケーションは、交替しながら行うものです。話し手と聞き手がいて、入れ替わります。赤ちゃんが声を出したら、それをまねしましょう。そして、また声を出すのを待ちます。反応するまでに時間がかかることがあるので、十分に待つことが大切です。マットをたたいていたら、終わるまで待ってから、同じよ

うにたたいてみましょう。このように、体を動かすことも声を出すことも、すべて話者交替の練習に結びつけられます。

また、声を出すようになったら、声が途切れた時に「本当？」「もっと言って」「おなかがすいたの？」などと話しかけてあげます。赤ちゃんとの「会話」では、短く簡単なことばを使って、高い声でゆっくり話し、何回も同じことを繰り返してください。これは「マザリーズ（母親語）」または「赤ちゃんことば」といわれるものです。

● **コミュニケーションが持つ力**

声を出せば手助けを得られることを、赤ちゃんに教えましょう。泣いたら抱き上げて、ミルクをあげたり、おむつを替えたりします。興味を示したら、すぐに「飛行機の音、聞こえた？　大きい音だね」とか「おむつが濡れたかな？　すぐに替えてあげるね」というように声をかけます。

飲むこと、食べること

飲むこと、食べることは、生命を維持し成長するのに必要な栄養を得るだけでなく、話すために必要な唇、舌などを動かすトレーニングでもあります。口の中の感覚の発達を促すことにもつながります。食べることに問題がある場合は、以下のような専門職のチームにみてもらう必要があります。

・作業療法士：食べることに影響する感覚の評価を行います
・医師：食事に影響する反射などの医学的評価を行います
・言語療法士：口腔顔面の運動機能を評価します
・栄養士：栄養摂取の計画を立てます

筋緊張が低い子どもは、母乳を吸って飲み込むことや、授乳時に頭や身体の姿勢を保つことが難しくなります。うまく吸えないときは、言語療法士や作業療法士、看護師に、哺乳びんの乳首について聞いてみてください。未熟児用の乳首にかえると飲みやすくなることもあります。乳首をしっかりくわえられないのであれば、母乳を飲んでいる時に唇をさすったり、顎の下をマッサージしたりしましょう。離乳食を食べ始めた

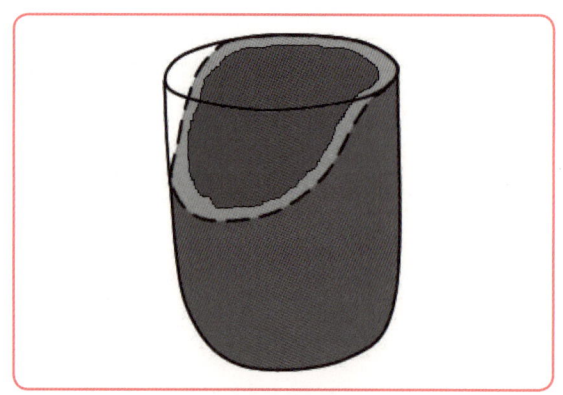

図 1 コップのふちを半円状に切る

ら、小さく、浅いスプーンを使って少しずつ食べさせてあげてください。

　舌の筋緊張を上げるために、清潔な指やおしゃぶり、歯がためビスケットなどを舌の上ではずませてみましょう。筋緊張が増してくると舌の動きも活発になります。その時にはやさしく舌の中央をへこませたり、舌を横や上に動かしたりしてあげます。

　離乳食を始めたら、触覚の発達を促すために、いろいろな食感の物を食べさせましょう。触覚が過敏だと、食感の違う素材が混ざっている料理を口にしないため、好き嫌いがあるようにみえるかもしれません。また温度に敏感で、温かいものか冷たいものしか食べないこともあります。

　コップで飲むことが苦手な子どももいます。複雑な運動と筋肉のコントロールが必要だからです。はじめは少しとろみのあるものが飲みやすいでしょう。中の飲み物が減って首を後ろに反らせると息が苦しくなってしまう場合は、使い捨てのコップのふちを一部半円状に切って、反対側から飲むと飲みやすくなります。切り込みを入れた市販のコップもあります[*3]。

　ストローを使えば、唇や物を吸う筋肉を鍛えることができます。太いストローは細いものより吸いやすく、短いストローのほうが、長いストローや曲がったストローよりも吸いやすいです。濃度によっても違い、ミルクセーキは、麦茶よりも吸いにくいです。

　口の動きに問題がある時は、食べることの問題に詳しい言語療法士か作業療法士に相談しましょう。経管栄養を行っている場合は、必ず言語療法を受けて、口の運動を行ってください[*4]。

＊3　市販のコップ
日本では「レボUコップ」（ファイン株式会社）、「お口がみえるピッタンコップ」（岡部洋食器製作所）などがあります。以下のウェブサイトでも紹介されています。
ファイン株式会社
http://www.fine-revolution.co.jp/
株式会社岡部洋食器製作所
http://www.ginzado.ne.jp/~okabe/index.htm
Talk Tools（英語）
http://www.talktools.net/
Therapro（英語）
http://www.therapro.com/

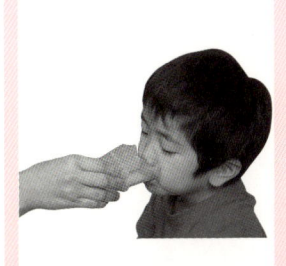

お口がみえるピッタンコップ（岡部洋食器製作所）

＊4　飲むこと、食べること
食べることや栄養に関する参考書籍には以下のようなものがあります。
『ダウン症児すこやかノート』藤田弘子ほか編著（メディカ出版、2006）
『ダウン症候群児・者のヘルスケアマネジメント』岡本伸彦ほか監修（かもがわ出版、2010）
Medlen, J. The Down Syndrome Nutrition Handbook: A Guide to Promoting Healthy Lifestyles. Woodbine House. 2002.

第4章

最初のことばが出るまで
―言語の前ぶれ―

　お子さんの最初のことばを聞きたくて、うずうずしていることと思います。最初のことばが出るまでには、たくさんの小さな段階を踏まなければなりません。ただことばが出るのを待っているのではなく、積極的にコミュニケーション・言語・話しことばに必要な基礎を育てていきましょう。

コミュニケーションの基礎

　ことばを話し始める前から、子どもは人とのやりとりを通してコミュニケーションの基礎を身につけていきます。

● 伝達意図
　伝達意図は、自分が相手に働きかけると、それに応じて相手が何かやってくれると気づくところから生まれます。例えば、泣くと誰かが助けに来てくれ、音を立てると注目を集めることができます。誰も応じてあげないでいると、子どもは泣いたり、叫んだりしなくなってくるという研究があります。

　子どもが出す音や動きはすべて、コミュニケーションしたがっているのだと思ってください。蹴るように足を動かしていたら、その足で遊んでほしがっていると解釈し、足の指を使って遊んだり、足のそばに風船を置いてあげたりします。クマのぬいぐるみを指さしたら、「クマさんだよ」と教えながら手渡してみます。子どもはきっと、もっと遊びたいと思うようになるでしょう。

　指さして、おとなの反応を期待してじっと見つめるのは、伝達意図がわかってきた証拠です。哺乳びんを落とした時に、指さしするのは、哺乳びんをとってもらえるとわかっているからです。子どもはことばを話す前から、指さしや、騒がしく音を立てること、声を出すことで、伝達意図を表しています。自分から働きかけて相手の反応を見る様子がない場合は、言語療法士に相談してみましょう。

● 話者交替
　話し手と聞き手は交替しながらコミュニケーションをはかります。話せるようになる前でも、「交替する」体験をさせることができます。

🐰🐥⭐ いっしょにやってみよう

- ★ かわりばんこに太鼓をたたきましょう。まずあなたが２～３秒たたいてから、太鼓を子どもに渡します。子どもがたたき終わったら、またあなたがたたきます。「お母さんの番」「○○ちゃんの番」と言い、交替していることを強調します。
- ★ ボールを転がしてやり取りしましょう。カラフルで軽く扱いやすいので、ビーチボールがおすすめです。お座りができなければ、おとながボールを支えて子どもに持たせ、押し返してくるのを待ちます。
- ★ ことばらしい音がまねできるようになったら、「お母さんの番」と言ってから、子どもの出した音をまねします。まねし終えたら、「○○ちゃんの番だよ」とあなたが言って、次に子どもに言わせます。順番の人を指さすと、交替の意味が強調できます。

● 要求すること、いやがること

赤ちゃんは、相手に何かしてほしい時にコミュニケーションを求めます。ミルクがほしいと泣き、抱っこしてもらいたい時は両手を高く上げます。ミルクを飲んでおむつを替えてもらったら、満足して声を出します。また、いやがる時は特に強くコミュニケーションしたがっているので、的確に応じてあげてください。それが伝達意図を育てることにつながります。

● 伝えるための合図：ジェスチャー

ジェスチャーは、コミュニケーションのための身体の動きです。子どものコミュニケーションは、はじめは、微笑みなどの表情や、笑い声、泣き声、うなり声ですが、次第にジェスチャーも使うようになります。ジェスチャーは誰にでも理解してもらえます。バイバイと手を振ると、まわりの人たちに通じるので、本人もうれしくなります。

いっしょにやってみよう

★ 手を振ってあいさつする練習をします。向き合ってまねをさせると、見本と同じように自分に手のひらが見えるように手を振ってしまうので、はじめは手をとって教えましょう。人に会った時には必ず手を振ってあいさつしてください。「おばあちゃんに、こんにちはって言うのよ」などと手を振らせます。これはジェスチャーの練習だけでなく「こんにちは」の意味を教えていることにもなります*1。

★ 同じことを「バイバイ」でもやってみます。

★ 『おやすみなさいおつきさま』などの、ジェスチャーがクローズアップされている本を読みましょう*2。

★ 人形を使って、子どもに近づけながら「お人形さんに、こんにちはって手を振ろうね」、遠ざけながら「バイバイって手を振ろうね」と言います。

★ お兄ちゃんやお姉ちゃんと部屋を出たり入ったりしながら、手を振る練習をしましょう。

言語の基礎

乳児期のコミュニケーションに加え、感覚が発達すると、それがもとになって模倣や認知力が育ち、やがて言語が使えるようになります。

*1　こんにちは
日本では「こんにちは」のジェスチャーは、お辞儀です。人に会った時は軽く頭を下げてみましょう。別れるときや通りすがりの人には手を振りましょう。

*2　ジェスチャーがクローズアップされている本
『おやすみなさいおつきさま』マーガレット・ワイズ・ブラウン作（評論社、1979）
『いないいないばああそび』きむらゆういち作（偕成社、1989）
『こんにちは　さようなら』にしまきかやこ作（こぐま社、1995）

● **注意力**

注意力とは、人や物、出来事に注目する力です。赤ちゃんにも親の顔に注目したり、まわりの音を聴いたりする注意力が備わっています。経験を積むことで、注意力は伸びていきます。

● **視　覚**

視知覚

視知覚とは、物理的に見る力と、見たものを理解する力との両方を含みます。第2章でも説明したように、ダウン症の子どもは視覚の問題を持っていることが多いので、定期的な検査や必要に応じた治療が必要です（→22p）。ダウン症医療団体（Down Syndrome Medical Interest Group；DSMIG）は、生後6か月までに1回、それ以降は年1回（視覚障害がある場合はさらにひんぱんに）の検査を推奨しています。

相互注視

相互注視はアイコンタクトともいいます。自分が相手を見る、そして相手も自分を見る、これが相互注視

いっしょにやってみよう

★ 子どもと目の高さを合わせ、20〜30センチの距離で「いい子ね」と高い声で話しかけます。子どもの目を見つめながら、声をかけて、笑ったり、おもしろい顔をしてみせましょう。短い歌を歌うのもいいかもしれません。終わったら、視線をそらして、子どもから離れてください。

★ 子どもがあなたのほうを見ていない時は、見やすい方向に顔を優しく動かします。

★ 子どもを驚かせて、さらに興味を引きましょう。頬や額にシールを貼ります。変わった形の眼鏡（ハート型や星型、ウサギの耳やカエルが付いているものなど）をかけてみます。

★ 相互注視ができるようになったら、「いないいないばあ」、年齢の高い子どもは、船長さんの命令ゲーム[*3]、「あたま、かた、ひざ、ポン」などをして遊びましょう。

です。話しことばや表情の意味をくみ取るには、相手の顔に注目しなければなりません。赤ちゃんは生まれつき人の顔に興味を引かれやすいことがわかっています。赤ちゃんとたくさん見つめ合ってください。ダウン症の赤ちゃんは筋緊張が低く、顔を上げにくいので、頭や首をしっかりと支えてください。そうすれば、1歳になる頃には相互注視ができるようになっているでしょう。

いっしょにやってみよう

★ 子どもの前で右から左、左から右へとおもちゃの羊を動かしてみましょう。子どもが興味を持つように「メー、メー」と言ったり、「メリーさんの羊」を歌ったりしながら行います。

★ シャボン玉を作ります。「パン、パン、パン」と言いながらシャボン玉を割り、子どもの注意を引いてください。この遊びの目的は、シャボン玉が空中をゆっくり漂うのを見つめ、目で追いかけることです。

★ ピエロのような大きなおもちゃを、あなたの顔のすぐ横に持ってきます。子どもが注目したら、顔から少しずつ離します。その動きを一緒に目で追ってください。音が出るおもちゃを使うと、さらに興味を引きつけることができます。

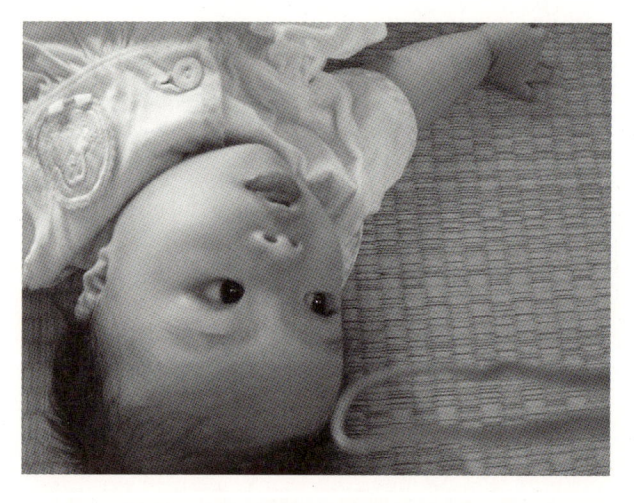

＊3　船長さんの命令ゲーム
船長さんを決めて、その人が「船長さんの命令！」と言いながら表情やポーズを作り、他の人が命令に従ってまねをするというゲーム。

追　視

　動いている物を目で追う力です。子どもは、飛んでいく姿を目で追いながら「鳥」ということばを覚えていきます。ダウン症の子どもは、はじめは追視が苦手ですが、経験を積めばできるようになります。

注　視

　言語の概念を学ぶには、物を注視し、その動きを目で追い、長く見続けられることが必要です。声を出しておもしろいことをしながら、注視できる時間を延ばしてください。音を使って興味を持たせます。

共同注視 *4

　物の名前を教える時、はじめのうちは、赤ちゃんが見ている物の名前しか教えられません。次第に共同注視ができるようになると、「あそこに鳥がいるよ」と声をかければ、そちらに注意を向けることができます。一緒に見ることは物の名前を覚えるためにとても重要です。

> **いっしょにやってみよう**
>
> ★ 好きな人やおもちゃを一緒に見る時、大げさにそっちのほうを向いて「あ、お父さんだ」と、大きな声で言ってください。注意を向けさせるために、指さすのも効果的です。
> ★ 赤ちゃんが何かを見ていたら、すぐにその物の名前を言ってください。おもしろい声を出して興味を引きます。例えば、「哺乳びんはここだよ」とか、「アヒルはどこかな。ほら、あった」とか、「クッキーがあったよ」などと声をかけます。

● 聴　覚

聴知覚

　聴知覚は物理的に聞くだけでなく、聞いたことから情報を受け取ることも含んでいます。ダウン症の子ど

---

*4　共同注視
共同注意ともいいます。相手の視線の先にあるものに注意を向けられること。

もには聴力の低下が見られる場合が多いので、定期的に診てもらい、問題があれば治療を受けてください。（Cohenほか［1999］、Roizenほか［1994］、Shott［2000］）。

音に注意を向ける

聴力の問題がないとわかったら、音に注意を向ける練習を始めます。目標は、音に注意を向ける時間を少しでも長くすることです。歌や手遊び歌を取り入れてください。音楽やなじみのある音を録音したテープ、オルゴールなどを使ってもいいでしょう。また、本を読むのは、ことばを聴く準備になります*5。

音源定位

音源定位とは、音がどこから出ているかわかることです。ことばの発達には音源に注意を集中する必要があります。多人数の会話で話を聴くためには、話している人を見分けて、その声を聴き取ることが必要だからです。

いっしょにやってみよう

★ 音が出るものをたくさん用意します。笛、鈴、くしゃくしゃにしてバリバリと音を立てるセロファン、拍手などがいいでしょう。はじめは子どもの目の前で音を出します。次に子どもの横ではっきりと聞こえるように音を出します。振り向かないようなら、「ほら、聞いてごらん」と言い、同じ音を出して、「これ何？」とか「見て！」と注意を引きます。そして音源が何だったのかを教えます。何度も同じことを繰り返します。

★ 音源のほうに振り向くことができない場合、回転椅子に座らせて、音を聞かせてみましょう。子どもの見えないところで鈴を鳴らしてもらい、「鈴の音が聞こえた？」と尋ねます。そして椅子を回転させて、「ほうら、鈴だよ」と教えます。見える位置でもう一度鳴らして、鈴と音のつながりをしっかり理解させます。一日に何回もこの遊びをしましょう。

注意を向けるべき音とそうでない音とを区別する

　注意を払うべき音（人の声や電話の鳴る音）と、そうでない音（時計や冷蔵庫の音）とを区別し、必要な音だけに注意を向ける必要があります。そうでないと、まわりにあふれているさまざまな音で混乱し、必要な音までシャットアウトするようになってしまいます。

いっしょにやってみよう

- ★ 大好きな歌を録音し、聞かせてみましょう。子どもは音を聴いている時は、動きを止めたり目を大きく見開いたりします。「かわいい曲だね」と話しかけてみてください。
- ★ おばあちゃんと電話で話してください。「おばあちゃんだよ。お話しできて楽しいね」と声をかけます。
- ★ 子どもの注意を引くように、名前を呼びながら部屋の中を歩き回りましょう。音源定位と音に注意を向ける両方の練習になります。
- ★ 音に注意を払う時間を少しずつ長くしましょう。歌を2番まで歌ったり、おしゃべりの時間を長くしたりします。

聴覚連合

　聴覚連合とは、聞いたものと意味とを関連づけることです。音を聞くだけではなく、脳で音を処理し、意味を理解することです。滲出性中耳炎があったり、聞こえに問題がある時は、次の「いっしょにやってみよう」の中から、十分に聞こえる音を使って行ってください。

*5 　本を読むのは、ことばを聴く準備になる
音に注意を向けるのによい本として、以下のようなものがあります。
『じゃあじゃあびりびり』まついのりこ作（偕成社、2001）
『もこもこもこ』谷川俊太郎作（文研出版、1977）
『ごぶごぶごぼごぼ』駒形克己作（福音館書店、1999）
『なつのいなかのおとのほん』マーガレット・ワイズ・ブラウン著（ほるぷ出版、2005）
『がたん ごとん がたん ごとん』安西水丸作（福音館書店、1987）

第4章　最初のことばが出るまで—言語の前ぶれ—

🐰🐱 いっしょにやってみよう

★ 子どもと一緒に「耳つき帽子」をかぶってください。ミッキーマウスの帽子のようなものがよいでしょう。外に出かけて、「何でも聞こえる魔法の帽子だよ」と言って、音に耳をすませます。「聞こえた？　何だった？　ワンちゃんだったね」と声をかけて、音源に気づかせます。動物の鳴き声から始めるのがいちばんなじみやすいでしょう。

★ 散歩の時に聞こえる「音を出すもの」の写真を撮ります。カードにことばを書いて、写真と一緒にフォトアルバムに差し込めば、「散歩で聞いた音」というオリジナル本の完成です。

★ 音を聞いたら、その音について話してみましょう。車や電車、バスのクラクションの音、フライの揚がるジュージューという音や、トラクターが立てる音など。日常の生活でも、遠足に行っても、音はどこにでもあふれています。

★ 音の出るものをたくさん集めます。ホイッスルやラッパ、縦笛、靴、マラカス、トライアングル、透明のびんに入れた豆など。はじめは自由に触らせて、遊ばせましょう。違いを聴き分け、音を出した物がわかることが目標です。

● 触　覚

　触覚には、手だけでなく、唇や舌でさわることも含まれます。口には指よりも多くの神経が集まっています。口に物を入れて動かしたり、舌でさわって確かめることによって、ことばを話す時、口の中のどこに舌があり、どうやって動かせばいいのかを正しく感じとることができるようになるのです。

　多くのダウン症の子どもは、さわられることに敏感です。過度に敏感なことを触覚防衛といいます。触覚防衛がみられるようなら、作業療法士から専門的なアドバイスを受けて、ゆっくりとしたペースで触覚に慣れさせていきます。感覚の問題について詳しくは、第2章と第3章を参照してください（第2章→14p〜、第3章→28p〜）。

模　倣

　子どもは模倣しながら学びます。ことばよりも動作のまねを先に覚えます。物を持ったりたたいたりできれば、模倣の練習が始められます。手を取って教えて、その後、目で見てまねをさせましょう。まだ無理なようなら、1か月ぐらい経ってからやらせてください。

いっしょにやってみよう

★ さわることが好きな子どもには、さわって楽しめる本を作ってあげましょう。サンドペーパーや脱脂綿、ベルベットの布や毛皮、アルミホイル、サテン、ビニール、ウールの布地などをスケッチブックに貼りつけます。さわった感触を擬音やことばで教えます。この本は形容詞や、物の描写を教える時にそのまま使えるので、とっておいてください。

★ さわっていろいろな感触を楽しめる本があります[*6]。

★ 生活や遊びの中で、質感の違うものにさわらせましょう。ボウルにゆでたマカロニを入れて遊ばせましょう。ゼラチンの軟らかい感じを喜ぶ子どももいます。

★ トゥース・エッテやNUK歯ブラシで、歯や歯ぐきをブラッシングしてください。口の中の感触の体験になります。赤ちゃん用品の店やスーパー、福祉用具を売るウェブサイトなどで買うことができます[*7]。

[*6] さわって楽しめる本
『主婦の友はじめてブックシリーズ：BABY TOUCHシリーズ』フィオナ・ランドほか（主婦の友社）

[*7] トゥース・エッテやNUK歯ブラシ
トゥース・エッテは、棒の先に星型のスポンジがついたもの。「スポンジブラシ」としていくつかのメーカーから出ています。NUK歯ブラシは、ブラシの代わりに柔らかいゴムの突起がついたものです。

第4章　最初のことばが出るまで─言語の前ぶれ─

いっしょにやってみよう

★ まず、子どもがやっていることをまねします。おもちゃでテーブルをトントンたたいていたら、しばらく待ってから、同じおもちゃでトントンとたたきます。おもちゃを子どもに返します。これを楽しい雰囲気の中で繰り返しましょう。おとなが先にまねしたほうが、子どもの模倣が出やすいようです。

★ 次はおとなが先にやります。ボールを転がしたり、おもちゃのトラックを動かしたりします。まねをしない時は、手を取ってやらせましょう。

● **身振り模倣**

　模倣のやり方を理解したら、次は体を使って模倣する練習をします。これは話しことばの模倣に近くなります。

いっしょにやってみよう

★ バイバイと手を振る
★ 鼻にさわる
★ 頭に手を置く
★ つま先にさわる
★ 唇をなめる
　頬をふくらませる
★ 唇で「チュッ」とする
★ 「すごく大きい」をして遊びます。まず「○○ちゃんはどれくらい大きいかな？」と言ってから、手を高く上げて、「すごく大きいねえ」と言います。まねで

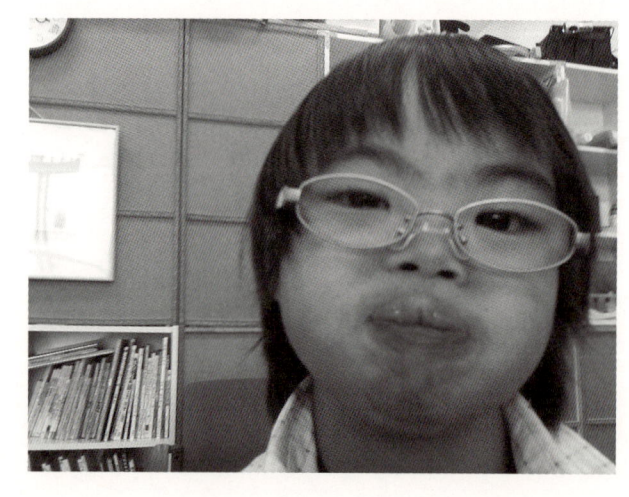

きなかったら、子どもの手を取って高く上げるように手伝ってください。何回も繰り返すと、できるようになります。

● **動作と音声を組み合わせる**

　動作のまねができるようになったら、声の模倣を少し加えてみましょう。これは、音を聞く練習や声を出す練習になり、話しことばを模倣する準備にもなります。

いっしょにやってみよう

- ★ 頬をふくらませてから、急に口から息を出して、ポンという音を立てます。
- ★ おなかを丸くこすりながら、「ンー」と声を出します。
- ★ 手を振って、「バイバイ」と言います。
- ★ おもちゃの車を動かして、「ブーン」と言います。

手遊び歌

　手遊び歌で遊びましょう。手を動かすだけでも声を出すだけでも参加している気になります。「幸せなら手をたたこう」は、手をたたくまねの練習になります。子どもの前に座り、手をたたきながら歌を歌ってください。まねしなければ、手を取って教えてもいいでしょう。手を添えるのを減らしていって、見てまねできるようにしてください[*8]。

---

*8　手遊び歌
日本でよく使われる手遊び歌には「ひげじいさん」「あたま、かた、ひざ、ポン」「いっぽんばしの歌」「げんこつやまのたぬきさん」「おおきなくりのきのしたで」などがあります。手遊び歌が紹介された本もあります。
『あがりめ さがりめ：おかあさんと子どものあそびうた』ましませつこ絵（こぐま社、1994）
『てとてであそぼう！ひげじいさん』LaZoo作（学研、2008）

認　知

　ダウン症の子どもは認知発達が遅れやすく、特別な助けが必要だと聞いたことがありますか？　この「認知」とは、何なのでしょうか？　これは私たちが知能と考えているものではありません。これは、情報を受け取り、処理し、分析し、理解することを可能にするたくさんの力のまとまりを指します。その力のおかげで、私たちは考えたり、問題を解決したり、周囲の状況を理解できるようになるのです。ことばを使うために必要な認知力について、以下に説明します。

● 物の永続性

　物の永続性とは、物は見えなくなっても、どこかにあるのだとわかることです。これは、物の名前を覚えていくために必要です。物の永続性を理解してはじめて、名前がそこにある物を示すだけでなく、目の前になくても、それを象徴化した記号だと理解できるのです。

　これはダウン症の子どもにとっては難しいことです。知的な発達に遅れがある子どもにとって苦手な、抽象的な思考が必要だからです。しかし重度の認知障害がなければ、経験によって理解できるようになっていきます。

いっしょにやってみよう

★ ビーチボールのような大きなおもちゃを見せます。子どもが見ている前で、おもちゃを隠してください。「ボールはどこ？」と聞きます。ボールを見つけたら、「ボールがあったね」と言います。透けるスカーフで覆うなどして、おもちゃが隠れている時も、少し見えるようにしましょう。音の出るおもちゃは隠している時でも音が出るので、簡単に見つけられます。物の永続性を理解してきたら、音やはみ出して見えるようなヒントはなくしていきましょう。

★ 「いないいないばあ」をしましょう。「赤ちゃんはどこにいるかな？」「ママはどこかな？ここだ！」などと言えば、飽きずに遊ぶことができるはずです。

★ 毛布をすっぽりかぶって、そこにいるのはわかっていても、全く見えない状態にしてみま

しょう。「お父さんはどこかな？」と聞いて、しばらく待ったら「お父さんはここだ！」と毛布を取ります。

★ 目の前で、手の中に小さなおもちゃを隠します。「ボールだよ。いまから隠すね」と言って、隠すところをしっかり見せてから、「ボールはどこ？」と尋ねます。そして、ボールを見つけさせます。

● 原因と結果

　原因と結果の理解は、伝達意図（声を出したり、ジェスチャーで示したりすると、望んだ通りの結果になる）を理解するために不可欠です。子どもがクッキーを手に入れようとして、クッキーの缶を指さしたり、抱き上げてほしくて「抱っこ」と言うのは、伝達意図を理解しているからです。はじめは難しいかもしれませんが、何度も繰り返し教えてください。

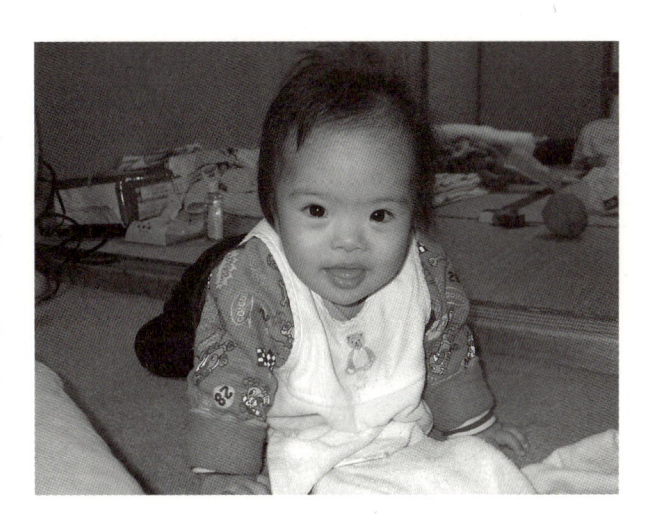

いっしょにやってみよう

　原因と結果がはっきりしている、びっくり箱のようなおもちゃを使いましょう。ハンドルを回すと、びっくり箱は飛び出します。「回して、回して、回して、ほら飛び出した！」と声をかけながらやってください。

　電気のスイッチをつけたり消したりするのも、スイッチを入れると電気がつくという、原因と結果の学習になります。部屋の明かりで遊んでほしくない場合は、スイッチと小さな色電球でおもちゃを作りましょう。電池で動くおもちゃに、扱いやすいスイッチをつけてもいいでしょう[*9]。

● 手段と目的

　ほしいものを手に入れるという目的のためには、手段を考えて行動する必要があります。手の届かないところにあるおもちゃを取るために、ハイハイすることから始まり、カウンターの上にあるクッキーの缶を取るために椅子を持ってくるというように複雑になっていきます。身につけるのに時間がかかりますが、伝えたいことをことばで考える基礎になります。

いっしょにやってみよう

★ ひもを引っ張ると動くような、手段と目的がはっきりわかるおもちゃで遊びましょう。

★ ほしい物をどうしたら手に入れられるかを考える状況を作ります。手を伸ばしても届かないところにボールを置き、ハイハイしないと取れないようにして、「ここまでおいで。ボールを取って」とハイハイで取りに行くことに気づかせます。

★ 道具の使い方を教えましょう。砂場でシャベルを使って、バケツを砂でいっぱいにします。お手本を示すか、一緒にやってあげましょう。

★ 誰かに頼まなければ、自分ではできないようなことをやってみましょう。手の届かないところにおもちゃを置いたり、ふたをしたプラスチック容器に好きな食べ物を入れたりします。要求することや、手助けを求める練習にもなります。

● 指示関係の理解

　指示関係の理解は、物事とその名前とを結びつけることです。例えば実物のボールと、「ボール」ということばとを結びつけることです。共同注視などの視覚や、物の永続性などの認知力が基礎になります。子ど

＊9　スイッチ
『障がいのある子の力を生かすスイッチ製作とおもちゃの改造入門』マジカルトイボックス編著（明治図書出版、2007）
東京大学・学際バリアフリー研究プロジェクトのサイトでもスイッチを紹介しています。
エイティースクエアード
http://at2ed.jp/
National Lekotek Center（英語）
http://www.lekotek.org/

もがじっと見て、興味を示している物事の名前を教えるのがいちばんよい方法です。ダウン症の子どもの学習に詳しいバックレー教授は、ダウン症の子どもは、文字を使うとことばとその概念の学習が進みやすいと言っています。物の名前を教える時には、言って聞かせるだけでなく、同時に文字で書いてみせると覚えやすくなります。

「話す」ための基礎

話す時には、呼吸や物を食べる時と同じ器官が使われます。赤ちゃんは大きな声で泣き、物を食べることで、話すために必要な動作を練習しているのです。

● 呼　吸

呼吸する時、吸うのにかける時間と吐くのにかける時間は同じです。しかし、話す時は、息を吐きながら声を出すので、約90％は息を吐き、10％だけ吸っています。

声を出す遊びで、息を吐く時間を延ばしましょう。あなたの顔が見えるように抱き、「アー」と声を出したり、ため息をついたりして、息の吐き方の見本を見せてあげましょう。はじめは、おもしろがって笑うだけかもしれません。

赤ちゃんがクーイング*10を始めたら、まねしてください。それからいろいろ声を変えてみます。赤ちゃんが「アー」と言ったら、5回続けて「アー」という声を出したり、声を高くしたり低くしたりして「アー」で歌を歌ったり、あるいは「アーーー」と音を延ばしてみたりします。

まねして繰り返すと、赤ちゃんの声は「こだま」のようになります。赤ちゃんもあなたの声をまねして遊び、うまくやりとりができるようになってきたら（これは話者交替の練習にもなります）、声を出す時間を少しずつ長くして繰り返します。

目的は、子どもが息を吐く時間を延ばすことです。十分に息が吐けないと、話す時に息つぎが多く、とぎれとぎれになってしまいます。

● 食べること

物を食べる時には、話す時と同じ器官を使うので、食べることは話すために必要な筋肉を動かす練習になります。ダウン症の子どもは、筋肉の緊張が低く、唇をうまく閉じられなかったり、顎や舌の動きをうまく調節できないことがあります。また、触覚過敏や触覚防衛があるため、じょうずに食べられない子どももい

*10　クーイング
泣き声や叫び声ではない、ゆったりとしたくつろいだ声を出すこと

いっしょにやってみよう

★ 「チュッ」とキスする音を出してみます。
★ 泣き声を出してみます。
★ 鼻声、鼻から「ンー」という音を出してみます。
★ くしゃみ、せき、あくびをしてみせます。
★ 「クークー」や「アー」など、幸せそうな声を出してみます。
★ 車のモーターの音、警笛の音、掃除機の音、空気の「シュー」という音など、まわりの音をまねしてみます。

　子どもがあまり声を出さない場合は、音に反応して光るライトを使ってみましょう。声を出すとライトがつき、声を出している間はずっと光り続けます。音に反応するおもちゃなら、もっと声を出したくなるかもしれません[*11]。

ます（Kuminほか［1999］、Medlen［2002］）。問題がある時は、言語療法士や作業療法士に食べる様子を見てもらってください。十分な栄養をとるのが難しい場合は、栄養士に相談しましょう。

● 口の運動

　ダウン症の子どもは唇、舌および口蓋の筋肉が弱く、緊張が低下しているので、話しことばの明瞭度が低くなりがちです。口の筋肉を強くして、うまく調節できるようにしましょう。筋肉の刺激は指でもできます

---

*11　音に反応するおもちゃ
電子キットwebshop「音に反応するライト」
http://denshikit.web.fc2.com/shopf/sound.html
株式会社タカラトミー「フラワーロック2.0」
http://www.takaratomy.co.jp/
株式会社エスコアール「発声促進器（音声スイッチ）」
http://www.escor.co.jp/
Crestwood Communication Aids, Inc.（英語）
http://www.communicationaids.com/

発声促進器（エスコアール）

が、子どもに指をかまれてしまうことが多いので、NUK歯ブラシのような道具を使います。これは歯ブラシ大のゴムでできた道具で、毛の代わりに突起がついています。歯ぐきや頬、舌、唇をこすって、ふれられることに慣れさせます。

　子どもと一緒に鏡を見ながら口を動かしましょう。鏡を使えば、声を出す時に口や顔がどのようになっているか見ることができます。鏡を一緒に見ながら、「かわいい赤ちゃんがいるね。お口を見て。べろはどこかな」などと話しかけてください。そして「プープープー」とか「ビービービー」など、音を連続して出してみましょう。赤ちゃんが出しやすいのは、鏡で見てわかる、唇で作られる音です。

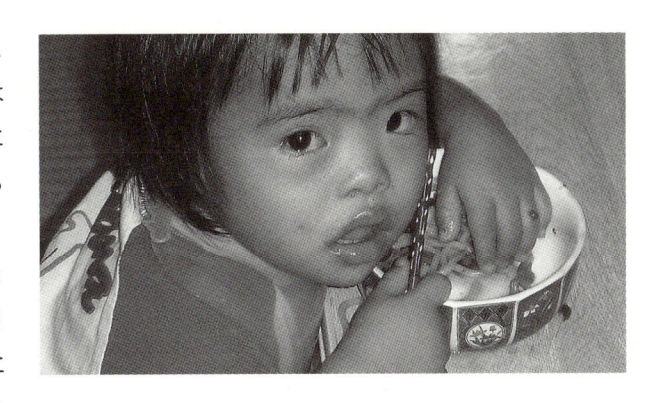

● 「声」から「音」へ

　子どもが出す最初の声は泣き声です。笑い声、ぐずる声、クーイング、唇を鳴らす音、叫び声、舌と唇でブーブー鳴らす音などは早い時期から出る音です。そして「ババババ」とか「ママママ」などの連続音を出し始めます。これは「喃語」と言われています。音の感覚を楽しみながら、徐々にことばに必要な音が出せるようになっていきます。子どもが声を出したら喜んであげて、一緒に声を出して遊び、たくさん喃語が出るように励ましましょう。

　成長するにつれて、ジャーゴン*12を話し始めます。これは、子どもがことばのリズムや抑揚を理解し始めたことを意味します。そして次には単語を模倣したり、繰り返し始めます。これは、ことばを話す前の最終的段階です。その頃には、話しことばを使い始める準備ができています。

● 音声模倣

　子どもは生後6か月以内に泣き声以外の声を出し始めます。赤ちゃんが出した声をまねしてあげると、喜んでよく声を出すようになります。楽しんでやり取りをして、たくさん声を出すように促しましょう。声を出すことが話しことばの始まりです。

---

*12　ジャーゴン
ジャルゴンともいいます。意味のない発声ですが、喃語のような音の反復ではなく、話しているように聞こえる発声。

1〜2歳になるまでに、音を模倣する準備ができます。模倣を繰り返すことで呼吸や筋肉の動きの調整ができるようになっていきます。音声模倣をあまりしない場合は、この章の前半で述べた、身振り模倣に戻ってみましょう。少し時間を置いて、また音声模倣をやってみてください。音声模倣の準備ができれば、自然と興味を示すようになります。

● **言語音の模倣**
　音声模倣が上手にできるようになってきたら、言語音の模倣を始めます。話しことばの中で使われる音のひとつひとつがまねできるようになったら、単語を言わせてみます。第5章では、単語を覚えるための課題を紹介しています（→56p〜）。

いっしょにやってみよう

★ ひとつの音を、/パパパ/、/ラララ/、/タタタ/などと繰り返します。はじめは唇の動きを見て確認しやすい/パ/や/バ/や/マ/で始めるのがよいでしょう（スラッシュ（/ /）は、音を表示する時に使います）。

★ ひとつの母音を選び、抑揚を変えてみましょう。例えば、上向きの抑揚をつけて「アー」と言ってみましょう。次に下向きの抑揚で言ってみます。または「アアアアア」と歌ってみましょう。先に音を出す役を交替しながらやってください。

★ 「ママ」や「パパ」、またはきょうだいの名前など、なじみのある単語を言います。子どもがまねしたら、大げさにほめましょう。この段階の単語は、「おばあちゃん」が/パ/になってしまうように「何となくそれらしい」程度でいいので無理に言い直しをさせず、「おばあちゃんって言えたね。すごいね」とほめながら、さりげなく正しい音を聞かせてあげましょう。

MEMO

第5章

一語文期

　「うちの子はいつ話し始めますか?」と聞かれることがよくあります。これまでも述べてきたように、ことばを話すには、たくさんの準備が必要です。特にダウン症の子どもは理解できてから話し始めるまでに数か月、場合によっては何年もかかってしまうことがあります。

　音を組み合わせて単語を言うようになるのが一語文期の始まりです。ダウン症の子どもの場合、話し始めるのが遅れ、先にサイン言語などの代替手段で表現できるようになることがありますが、その場合も一語文期の始まりとみなします。

　始語は、発音があいまいで、子どもが何を言いたいのか、すぐにはわからないことが多いものです。飲み物がほしい時に、いつも子どもが「ア」と言っていると、親は「ア」がアップルジュースを指すことに気づきます。「アップルジュース? アップルジュースがほしいの?」と、確認しながら、子どもの意図をくみ取ろうとします。

　この時期の子どもは、ひとつの単語や音を複数の意味で使います。例えば、同じ「ボ」でも、「ボールがほしいよう」「ボールはもういらない」「ボールを落としちゃってどこにあるかわからない」など、場合によって意味が違うので、子どもの言いたいことを状況から推し量る必要があります。

ダウン症の子どもが話し始める時期

　多くのダウン症の子どもは、1歳の誕生日を迎える頃には、サイン言語を使ってコミュニケーションをはかるようになり、2～3歳で始語がみられますが、中には4～5歳になってから話し始める子どももいます。また、話しことばとサイン言語(またはその他の代替コミュニケーション手段)との両方を使う時期もあります。そのため、始語のスタート時期の平均値を求めるのは難しく、**表1**のように研究によって幅があります*1。

*1　始語の月齢
英語圏のデータは日本語のものとは異なる可能性があります。おおよその参考程度に考えてください。

表 1 ダウン症の子どもの始語の月（年）齢

月（年）齢	研究者名
12〜24か月	Buckley, S. (2000) ／Buckley, S. ほか (2001) ／Chamberlain, CE. ほか (2000)
18か月	Buckley, S ほか (2001)
2〜5歳	Chamberlain, CE. ほか (1999)

移行期コミュニケーション・システム

　ダウン症の子どもは、理解はできているのに、なかなか話せないことがあります。話しことばは、呼吸や口の正確な動きが整わないと話すことができない、難しいコミュニケーション手段なのです。

　子どもは、要求を伝えるために、教えられなくても自然とジェスチャーを使い始めます。お気に入りのおもちゃを取ってほしいと指さしたり、哺乳びんを持つまねをしてのどがかわいたことを伝えたりします。しかし、自然発生的なジェスチャーだけでは十分ではありません。概念を動作で表現するには限界があり、誰もがジェスチャーを理解してくれるわけではないからです。その場合は、移行期コミュニケーション・システムを使いましょう。言いたいことを伝えられるので、ストレスをためずにすむだけでなく、語彙を増やし、言語発達を促すこともできます。次のような場合、移行期コミュニケーション・システムを使う準備ができています。

①ことばがものや概念を表していることがわかる
②ジェスチャーや絵の意味を覚えることができる

　移行期コミュニケーション・システムには、以下のようなものがあります。
・トータル・コミュニケーション／サイン言語
・コミュニケーションボード
・コミュニケーションブック
・絵カード交換式コミュニケーション・システム（PECS）
・ハイテクコミュニケーションエイド

　この章ではダウン症の子どもによく使われているトータル・コミュニケーションについて説明します。その他のコミュニケーションシステムについては第11章を参照してください（→128p〜）。

● トータル・コミュニケーション

トータル・コミュニケーションは、コミュニケーションを促すために、サイン言語やジェスチャーに話しことばを組み合わせたものです。家庭、学校、言語療法や作業療法など、子どもが過ごすあらゆる場所で、同じ言語システムを使えるように環境を整えましょう。

サイン言語は話しことばの獲得の妨げになるのではないか？と心配する親もいますが、実際はその逆です。理解することに比べて話しことばで表現するのが苦手なダウン症の子どもは、サイン言語を使わなければストレスがたまり、叫び声を上げたり、周囲にわかってもらうのをあきらめてしまうことがあります。サイン言語は周囲への働きかけを促し、同時に基本的なことばの概念を覚える手助けとなります。話しことばとサイン言語とを併用したトータル・コミュニケーションを使うことが大切です。サイン言語を使いながら、話しことばを一緒に聞かせてあげましょう[*2]。

サイン言語の種類

トータル・コミュニケーションに最もよく使われるサイン言語は、英語対応手話（SEE）です。また、アメリカ手話（ASL）も、よく使われます。どちらも、両手を使います。ASLは、英語の話しことばとは語順も文法も異なる独立した言語です。一方SEEは、英語の話しことばをそのままサインに置き換えたことばです。私たちは、標準的な英語の構文や文法を使用しているという理由から、SEEを使っています。サイン言語を選択する時には、主に次のような点について検討してください[*3]。

・手の器用さ
・サイン言語を使う能力的準備ができているか
・周囲の人が理解し、使えるか

*2 トータル・コミュニケーション
Gibbs, B. et al. The Early Use of Total Communication: An introductory guide for parents. Paul H Brookes, 1995.

＊3　サイン言語
日本マカトン協会
FAX　03-3922-9781
http://homepage2.nifty.com/makaton-japan/
『マカトン法への招待：21世紀のすべての人のコミュニケーションのために』松田祥子監修（日本マカトン協会，2008）
ことばを話す前の赤ちゃんの育児法として注目されているものに「ベビーサイン」があります。
『赤ちゃんとお手てで話そう』吉中みちるほか著（実業之日本社，2002）
『ベビーサインはじめてキット』アクレドロほか著（実業之日本社，2007）DVD、ミニ絵本、絵カードがセットになっています。

翻訳者Column
マカトン法

　マカトン法はトータル・コミュニケーションとして有用な指導法で、日本でも使われています。イギリスの病院において、発達に遅れがあり、聞こえに問題のある子どもに対して、英国標準サイン言語（BSL）の中から基本的語彙のサインを選び、話しことばと同時に用いるという方法を実施したのが開発のきっかけとなりました。この方法を実施した結果、サインを習得しただけではなく、話しことばの増加や注意力の持続などの効果がみられたため、ウォーカー、ジョンストン、コンフォースらが語彙や指導法の改善に努め、1972年マカトン法を考案しました。マカトン（MAKATON）という名称はこの3人の研究者の名前（Margaret・Kathy・Tony）からつけられました。

　日本においては、イギリスとは文化が異なるため、サインの調整が必要でした。1983年から語彙の選定を行い、1989年に「日本版マカトン法」ができました。マカトン法では、使用するサインはできるだけその国で用いられている伝統的な手話を用いることになっており、日本版においても、日本の手話が多く取り入れられています。

　マカトン法は「核語彙」とそれに対応する「サイン（身振り）」、「シンボル（シンプルな絵）」から構成されています。核語彙とは、基本となる語彙という意味で、約330（同義語を含むと400以上）あり、9段階のステージに分類されています。指導においてはステージ1から順にステージ8まで実施していきます（ステージ9だけは特殊な語彙で必要に応じて使用します）。その核語彙ひとつひとつにそれぞれ決まったサインがあり、そのサインのほとんどが1語に対して1動作に簡略化されています。日常生活の中で意味的に理解されやすいように表現が工夫されているのです。

　また、サインの中には明確な形を決めず動作を表すジェスチャーを使用しているものもあり、マ

イムと呼ばれています（おふろに入る、おはよう、など）。シンボルはサインや話しことばを使うことが難しい、体の動きに制限のある人のために考えられました。誰が見てもわかりやすい、一度提示すれば消えずに残る、などの点から、ことばやコミュニケーションに問題を持つ人々に幅広く用いられるようになりました。

　マカトン法には話しことばとサインとを同時に用いる「同時提示」という方法で行うという特徴があります。また、サインを用いる際には文章全体をサインとして表すのではなく、文の中の重要なことばだけをサインとして提示します。会話の文法的ルールに従いながら、主要な概念を中心に伝えていきます。助詞（てにをは）や時制（過去形、未来形）などをサインで表現することはしません。音声による会話をベースにサインで補助を行います。

　サインしか使わなくなるのではないか、サインによって音声表出が妨げられるのではないかという心配から、サインへの抵抗を示されるご家族に出会うことがあります。サインは話しことばの補助として用いているので、心配されるような状況にはなりません。サインで早期に意思を伝えられるようになり、相手の言っていることを目と耳でキャッチできるので、理解力が促されます。

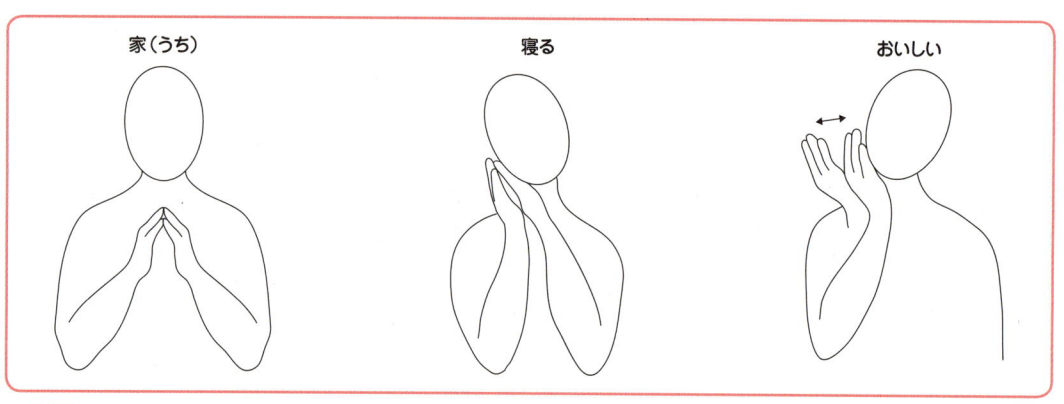

図1　日本版マカトン法のサイン（ステージ1）
（松田祥子編. 日本版マカトン・サイン核語集. 改訂版. 日本マカトン協会. 2003. より引用）

覚える単語の選び方

　多くの場合、最初に教える単語は「もっと」「おしまい」「違う、イヤ」です。これらは非常に便利なものです。要求を伝えることができますし、続けるか止めるかを伝えることもできます。その後に覚える単語は、子どもや家族の必要に応じて違ってきます。好きなお菓子、おもちゃ、外出先、遊び、子どもの周囲にいる人の名前は、早いうちに覚えさせましょう。暖かいところに住んでいたら、「プール」や「泳ぐ」はすぐに覚える必要があるでしょう。家族構成によって、「お姉ちゃん」「おばあちゃん」という単語が必要です。また、屋外が大好きな子どもは「外」のサインが必要です。

子どもに必要な単語は、親が選ぶことをお薦めします。まずリストを作ってみて、言語療法士と話し合ってください。単語を選ぶ際には、以下のようなことに気をつけます。
・使いやすく、よりよいコミュニケーションをはかることができるようになる。
・実用的で日常生活の中でいつでも使用できる。
・子どもが表しやすい。
・子どもにかかわる人たちにとって理解しやすい。

　ダウン症の子どもは1歳くらいでトータル・コミュニケーションを使い始めます。場合によっては、サインと並行して話しことばの模倣を始めることもあります。ことばを話せるようになってくると、子どもはサインを忘れていきます。これはたいてい5歳までに起こります。子どもは話したいのです。そして、サイン言語は話しことばへと導いてくれるものです。

トータル・コミュニケーションを家族みんなで使うために

①トータル・コミュニケーションでは、サイン言語と話しことばとを併用します。サインに集中し過ぎて、話すのを忘れないようにしましょう。
②サインで話しかける時は、子どもがこちらを見ていることを確かめます。子どもがサインをしている時は、必ずそちらを見てください。
③サインを教える時は子どもの手を取って教えます。手を重ねて、一緒に作ります。周囲に理解される範囲のものであれば、少しくらい違っても認めてあげましょう。
④日常生活でよく使うサインを教えてあげてましょう。
⑤子どもがサインをしながら声を出したら、繰り返して言うように励ましましょう。ただし、子どもが本当に話しことばを使えるようになるまでは、サインでの要求に応えてあげてください。
⑥家族やまわりの人は、子どものサインを確実に理解し、反応できるようにします。
⑦次に必要となる単語を予想して、一足先に、言語療法士にサインを教えてもらいましょう。

たくさん話しかける

　子どもが30語しか知らなくても、ほかの単語を使ってはいけないというわけではありません。子どもはさまざまな状況で、たくさんの単語を聞いて、生きたコミュニケーションを学びます。数十年前は、ダウン症の子どもは社会から遠ざけられていたため、実用的な言語を身につけることができませんでした。親が努力して健康管理を行い、社会参加の機会を増やして、いろいろな経験をさせてきた結果、ダウン症の人の本来の姿がわかってきました。

　子どもに話しかけ続けるのはたいへんなのではないかと思うかもしれませんが、そんなことはありません。日課に自然に取り入れてください。親だけががんばるのではなく、きょうだい、ベビーシッター、おじいちゃん、おばあちゃん、そして友だちにも助けてもらいましょう。生活にどう取り入れたらいいか、「赤」という単語を教える方法を紹介します。

いっしょにやってみよう

★ 家にある赤いタオル、赤いスカート、赤いネクタイ、赤い魚のぬいぐるみ、赤い鈴などをカゴに入れます。子どもはそれをひとつずつ取り出します。取り出すたびに、「赤」と言ってあげましょう。必要ならサインを併用します。

★ 洗濯物を色ごとに分けて、赤い物は赤いカゴに入れます。

★ 買い物に行って赤い物を探します。赤いスカーフを身に着けたり、赤い帽子をかぶったり、赤い布切れを持って行ったりして、子どもが選んだ商品と色をマッチングさせて、赤という概念を印象づけましょう。

★ 赤ということばを覚えたら、集めてきた赤い物を元の位置に戻し、食べ物や活動もふだん通りに戻しますが、生活の中で赤いものが出てきた時は必ず、「赤だね」と確認するようにします。

★ 「赤」と言えるようになったら、さりげなく質問してみましょう。「これは何色？」と聞き、子どもが答えたら「赤、そうだよ、赤だね」とほめてあげてください。

語彙を増やし、概念を広げる

　一語文期には、理解面、表出面ともに、単語と概念を教えることに力を入れます。発音や文法は、後になってもかまいません。子どもに単語や概念を教える時には次のような原則を守ってください。

物を見せて単語を言わせるだけでは不十分

　単語やその概念を教える時には、あらゆる感覚を通して、その単語の意味を教えることに重点を置きます。発音の正確さにはこだわらないでください。車という概念を教えたい時には、車に乗って、外観がどんなものか、どんな音がするかを話し、おもちゃの車で遊びます。効果があると思ったら、トータル・コミュニケーションやサイン言語を使って概念を教えましょう。

たくさんの見本を見せる

　ダウン症の子どもは、ひとつの単語を学ぶのに、たくさんの経験を積む必要があります。「中に」という概念を教えるには、できるだけ多くの経験をさせて、その都度、口に出して言って教えます。積木を箱にしまう時には、「中に」と言います。りんごをバッグに入れる時にも「中に」と言います。バッグをショッピングカートに入れる、オレンジジュースをコップに注ぐ、それぞれの時に「中に」ということばを使います。

実物を使って生活の中で教える

　日常生活の中で概念を教えましょう。「飲む」はおやつの時に、身体の部位はお風呂に入る時に、洋服の名前は着替えや買い物で、果物や野菜の名前は青果コーナーで教えます。ダウン症の子どもは、抽象概念が理解しにくいので、実物や実際の経験が学習の助けになります。プラスチックのりんごや本に描かれた絵を見るより、本物のりんごをつかんでその香りをかぎ、かじってみることによって、ことばと物が関係づけやすくなります。

教えるだけで試してはいけない

　概念を教える時は、質問をして答えを要求したりせずに、見本を見せます。絵カードを並べて「りんごはどれ？」と聞くのではなく、上記のような経験をさせることが大切です。

おもちゃで遊びながら概念をしっかり覚えさせる

　子どもがサインや単語を覚えたら、忘れないように遊びの中で使ってください。「上に」と「下に」という語を覚えたら、おもちゃの駐車場を使って「上に」、「下に」、と言いながら、車をエレベーターで上下させます。食べ物の名前を覚えた時は、おもちゃの食べ物、ショッピングカート、レジを使ってお買い物ごっこをしましょう。

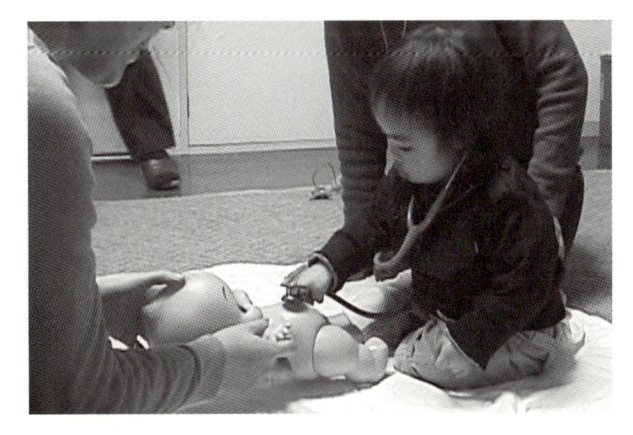

ひとつの概念を違う状況でも使えるように

　ダウン症の子どもは、ある状況で覚えたことを、ほかの状況で使えないことがあります。自分の家の庭に咲いているバラは「花」だとわかっても、近所の水仙も同じ「花」だと理解するのが難しいのです。

　基本的な概念を理解したら、そのことばや概念に関係する経験をたくさんさせてください。外見がかなり違っても、その動物が全部「犬」であることや、食べられるものは全部「食べ物」であることを教えてあげます。

子どもが言ったことを繰り返す

　子どもが単語を使ったら、正確な発音に直して言ってあげましょう。これは修正ではありません。例えば、チーズのことを「キー」と言ったら、「チーズがほしいんだね。チーズはここだよ」と応えます。同じ単語を繰り返すことで、ちゃんと聴いているよ、何かしてほしかったらやってあげるよ、と子どもにわからせることができます。

子どもの興味に沿って教える

　子どもが、ある物に興味を示したら、それを表す単語を教えましょう。もし、トータル・コミュニケーションを使っているなら、言語療法士にサインを教えてもらいます。例えば、おもちゃ屋さんで救急車に興味を持ったとします。おもちゃの色や大きさについて、また救急車がどんな働きをするか、救急車が大きい音でサイレンを鳴らすことを話します。救急車が通り過ぎたら指さしてみたり、救急車を見に病院の近くを通ってみたりします。図書館で救急車の本を探してもよいでしょう。

　春が来て、草花が芽吹く季節になったら、散歩に出かけましょう。子どもが花に興味を持ったら、種や苗を買って植えてみます。森林公園や植物園に行ったり、野菜を育てたり、春や植物、花、野菜についての本を読んでみましょう。野菜が育ったら野菜スープを作ります。このように、子どもの興味をきっかけに、新しい概念を教えます。

子どもがもっと話したくなる聴き方を

　子どもの言ったことを繰り返し、「聴いているよ」という態度を示してあげてください。子どものことばが「ハ……」と聞き取れなかったら、「ハンバーガーがほしいの？　ハグ（抱っこ）？」ときいてみます。言いたいことがわかってあげられなくても、ことばを話すと注意を引けることがわかるはずです。

手がかりを与えてことばを使うよう促す

　単語を覚えてもなかなか使えない時には、次のような手がかりを与えましょう。

・身体的な手がかり：ジェスチャーを見せ、実際に子どもの手を握って動かし、絵を指さしたりサインした

日常生活の中で概念を教えましょう

着替え
- 身体部位：腕、脚、頭、首、指、爪先、足、目、肩、膝
- 衣類：靴下、スカート、パンツ、ドレス、ズボン、半ズボン、靴
- 色名：赤、青、黄、黒、白、ピンク、緑、オレンジ
- 数の概念：1、2
- 前置詞*4：中に（in）、上に（on）、離れて（off）、開いた（open）、閉じた（close）
- 関係語：後ろ、前、はじめ、次、最後
- 動詞：（ボタンを）かける、（ジッパーを）上げる、ひく、座る、立つ、（スナップボタンを）とめる、曲げる

食事、おやつ
- 食品：食材、飲み物、お菓子、肉、乳製品、野菜、果物
- 食事：朝ごはん、昼ごはん、夕ごはん、おやつ
- キッチン用品：コップ、お皿、おわん、フォーク、スプーン
- 動詞：食べる、飲む、かむ、切る、ふく、開ける、閉じる
- 形容詞：熱い、冷たい、空っぽ、いっぱい、ない、もっと
- 前置詞：中に（in）、外に（out）
- 気持ちを表すことば：おいしい

ドライブ、散歩
- 乗り物に関することば：タイヤ、車、クラクション、ベビーカー、飛行機
- 天気に関することば：寒い、暑い、じめじめ、雨、雪、風
- 外にあるもの：木、葉っぱ、どんぐり、太陽、花、犬、牛、光、お店、ドア
- 服装：上着、ジャケット、コート、手袋、フード、帽子
- 動詞：止まる、行く、開ける、閉める、押す、ひく
- 前置詞：中に（in）、外に（out）、上に（up）、下に（down）
- 音：プップー、ブルルン
- あいさつ：こんにちは、バイバイ、またね

遊 び
- 名詞：遊び場、ボール、コマ、本、ブロック、おもちゃの名前、砂、花、木
- 動詞：ける、転がす、押す、引っ張る、投げる、落とす、取る、積む、振る、すべる、飛ぶ、走る、止まる、行く

- 色と形
- 前置詞：中に（in）、下に（under）、上に（on）、〜を通って（through）、上へ（up）、下へ（down）、〜を超えて（over）
- 天気に関することば：天気がいい、曇り、寒い、暖かい、暑い、お日様、風、雪、雨
- その他：できた、おっと、あーあ、転ぶ、わかった

買い物
- 食料品：肉、野菜、果物、パン、コーンフレーク、箱、缶、ビン、大きい、小さい、持ち帰り、しまう
- 衣料品：帽子、手袋、ジャケット、コート、靴、靴下、ズボン、スカート、ブラウス、シャツ、セーター、ベルト
- 日用品：ゴミ箱、電球、ペンキ、時計、かなづち

お風呂
- 名詞：体の部位、水、アヒル、ボート、湯船、石けん、シャンプー、タオル、泡
- 動詞：流す、かける、（水が）はねる、水を浴びせる、水を出す、水を止める、吹く、出てくる、こする、洗う、笑う、キスする、ゆする、見せる、指さす
- 形容詞：ぬれた、乾いた、熱い、冷たい、大きい、小さい

寝る前
- 名詞：ベッド、毛布、枕、掛け布団、電気、クマ、人形、窓、月、星
- 動詞：読む、キスする、抱く、閉じる、寝る、掛ける
- あいさつ：おやすみなさい

りするのを助けます。
- 模倣：子どもが言いたい単語を言って、模倣させます。
- 語頭音ヒント：「ボール」であれば/ボ/のように最初の音を言います。トータル・コミュニケーションを使っている場合は、サインのはじめの形を手で示して見せます。
- 文章完成：文や句の出だしを言ってみましょう。子どもに「クッキー」と言わせたい時は、「ほしいのはミルクと○○」と言います。語尾を上げる調子で言うことで、子どもは空いたところを埋めようとするでしょう。「靴」と言わせたい時は、「靴下と○○」と言ってみます。

＊4　前置詞
名詞の前について、時間や場所の関係を表す単語です。日本語には前置詞はありませんが、「〜の中に」など、位置関係を表すことばを教えましょう。

ことばのさまざまな要素を手がかりとして使う

　リズム、強勢、抑揚、声に含まれる感情、歌うように話すなど、ことばのさまざまな要素を、語の概念を教える時にうまく活用しましょう。「大きい」と「小さい」を教える時は、「大きい」は低くよく響く声で言い、「小さい」は静かな高い声で言います。「上に」は上向きな調子に、「下に」は下向きな調子にします。テレビ番組「セサミストリート」やCMなどは、それらを非常にうまく活用しています。

本の読み聞かせ

　本を読み、本で遊びましょう。子どもは、自分で本を読めるようになる前から、ページをめくり、絵をじっくり見ます。大人に本を読んでもらいながら、本の持ち方や、上から下へ左から右へと読んでいくこと、印刷された文字は規則的に並んでいて、シミやいたずら書きではなく、ページごとに話が進んでいくことなど、読み書きの前段階となる基礎的知識を身につけることができます。本の読み聞かせは、「読み」を教える一番効果的な方法です。

　本を読むことは、概念の学習にもなります。読み聞かせは、言語の理解を深め、音を聞き分ける力を高めます。ピクニックに行った後に、ピクニックの本や、ピクニックで撮った写真で作った本を読んであげれば、ピクニックに関する単語や概念を効果的に教えることができます。

● 本の選び方

　一語文期の子どもの本を選ぶ時、次のことを心がけましょう。子どもの関心のあることや、経験したことが書いてある本を選びます。おすすめは、明るい色の絵がたくさんある本です。1ページに描かれている絵の数は少なく、文字も少ない本がよいでしょう。子どもが飽きてしまい、もぞもぞし始めたら、お話を縮めて次のページに進みます。

● 子どもと一緒に楽しむ

　文字を読むことができなくても、ただ見ているだけではなく、自分も一緒に読んでいる気分にさせることが大切です。「クマさんはどこ？」と聞いて指さしさせ、「これは誰？」とキャラクターの名前を言わせてみましょう。ページをめくるだけでも読むことに参加している気分になれるでしょう。第14章には、本をめくりやすくする工夫や、子どもが積極的に読み聞かせに参加できる方法を提案しています[*5]（→160p〜）。

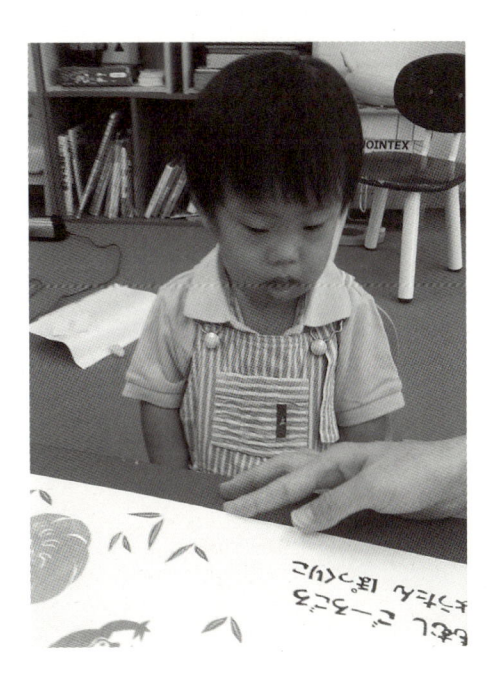

＊5　読み聞かせ
一語文期の読み聞かせに適した本には以下のようなものがあります。このほかにも、図書館や本屋さんで紹介してもらいましょう。
『ノンタン もぐもぐもぐ』キヨノサチコ作（偕成社、1987）
『いやだいやだ』せなけいこ作（福音館書店、1969）
『ぶーぶー じどうしゃ』山本忠敬作（福音館書店、1998）
『おひさま あはは』前川かずお作（こぐま社、1989）
『ありの あちち』つちはしとしこ作（福音館書店、1998）
『しろくまちゃんのほっとけーき』わかやまけん作（こぐま社、1972）
『ロージーのおさんぽ』パット・ハッチンス作（偕成社、1975）

MEMO

第6章

二語文期・三語文期

　一語文期は、子どもの力が大きく伸びる楽しみな時期です。子どもは新しい単語や概念をたくさん習得していきます。しかしこの時期は、1語でいろいろな意味を表すので、「ボール」と言っても「あれはぼくのボールだ」と言っているのか「ボールで遊ぼうよ」と言っているのかわからず、聞き手が主観的に解釈するしかありません。

　次の段階では、子どもはより的確なコミュニケーション手段を身につけます。すでに知っている単語をつなげて、二語文（ボール　投げる）や、三語文（パパ　ボール　投げる）を使えるようになります。新しい単語を覚えるという横への広がり、単語をつなげて多語文で話すという縦への広がりの両方がみられます。この間に子どもは、単語と単語の間に意味のつながりがあることや、それをどう表現するかを覚え始めます。外に行きたい時には「ママ　お外」と言ったり、ごはんを食べたくない時には「ごはん　いらない」と訴えたりできるようになります。子どもは言語を通して、より複雑な考えを伝えられるようになっていくのです。

二語文の始まりの時期

　一語文期から多語文期へ、いつ、どのように移行するのでしょうか。子どもは話せる単語が50語程度になる生後19か月から2歳までの間に二語文を話すようになります（Nelson［1973］）。では、ダウン症の子どもが多語文を話し始めるのはいつ頃からでしょうか。研究によって差はありますが、二語文が出始めるのは3歳くらいです。表1を参照してください[*1]。

　私たちの研究では、二語文を獲得する時期にはかなり大きな個人差があることがわかりました（Kuminほか［1998］）。168名を対象に行った研究では、1歳の時に話しことば、あるいはサインで多語文を使った子どもは少数でした。2歳になると33.3％が多語文を使えるようになり、3歳ではおよそ62％が多語文を使えるようになりますが、ひんぱんに使っていた子どもは32％にとどまりました。4歳では、80％の子どもがひんぱんに多語文を使い、5歳では、頻度の差はありましたが、168名全員が多語文を話していました。

*1　二語文の始まりの時期
英語圏のデータは日本語のものとは異なる可能性があります。おおよその参考程度に考えてください。

表 1 ダウン症の子どもの二語文の出現

二語文出現の平均月齢	研究者名
24～36か月	Chamberlain, CE. ほか（2000）
30か月	Buckley, S. ほか（2001）
36か月より前	Mervis（1997）
全体36.9か月 （女子34.6か月、男子42.5か月）	Oliverほか（1994）
36～48か月	Chamberlain, C.E.ほか（1999）
通常48～60か月より前	Rondal（1998）
36か月（62％）／60か月（100％）	Kuminほか（1998）

二語文期

　二語文期には、子どもはたくさんの情報を伝えることができるようになります。例えば、「ジュースもっと」などと簡単な要求を示したり、「パパ、行く」と自分や他人の行動を表現したり、「ママ、コート」と所有を表したりします。子どもはこの時期に、語順によって文の意味が変わることも学び始めます[*2]。また、一語文期と同様、ひとつの語が幾通りかの意味で使われることに注目してください。例えば、「ミルク　ない」は、3つの意味で使われます。

①拒否：ミルクはいらない
②非存在：ミルクはない
③否定：これはミルクではない

　このように、多語文を使い始めたばかりの時期では、内容語と言われる意味のある単語が組み合わされています。機能語といわれる文法関係を表す語を使うのは、もっと後からです[*3]。この時点では、語尾も正しく使えません。「daddy's car（パパの車）」と言いたくても、「daddy car（パパ、車）」となってしまいます。正しくは使えていなくても、理解はしている可能性があるので、語尾まで正しく話しかけましょう[*4]。

[*2]　語順によって意味が変わる
英語では語順で意味が変わりますが、日本語では助詞で意味が変わります。

● 2語でも二語文でないもの

覚えた単語を2語組み合わせると、二語文となります。しかし、もともと一緒に使われている2つの語を使った場合は、多語文とはいいません。例えば「ジェーンおばあさん」とか「セサミストリート」などは、もとは2語でも、二語文とはいいません。これらは、ひとつのまとまりとして使われるので、ひとつの長い単語のようなものと考えます。

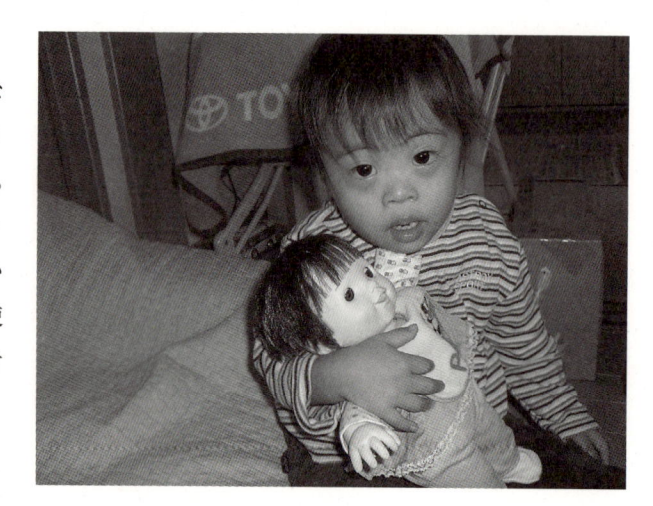

● 二語文を話すように促す

拡充模倣

拡充模倣は一語文期から二語文期への移行を促す効果的な方法です。例えば、おもちゃの車を押しながら、子どもが「車」と言った時、「車」と繰り返し、それから「車、走る」のように1語を付け足します。拡充模倣は、どのように単語をつなぐかを学ぶお手本となる、効果的な方法です。拡充模倣のポイントは次の3点です。

①まず、子どもの言った語を繰り返す。
②繰り返すことで言ったことが伝わったと子どもに知らせる。
③子どもが1語で言ったことを2語に広げる。

子どもが二語文を使い始めるまで、拡充模倣を何度も繰り返します。復唱や拡充模倣に慣れてくると、食事や着替え、散歩などの日常生活や遊びの中に取り入れていくことができます。第5章の「日常生活の中で概念を教えましょう」を参考にしてください（→65p）。また、家族にも復唱と拡充模倣をするよう勧めます。

拡充模倣は、トータル・コミュニケーションを使う子どもにも使えます。子どものサインをまねて、それ

＊3　機能語
日本語では助詞、助動詞、接続詞など。

＊4　語尾によって意味が変わる
日本語では語尾変化ではなく、助詞「の」で誰の持ち物かを表します。

に話しことばを添えながら、もう1語、サインをつけ加えます。例えば、子どもがコップを指さしながら「もっと」とサインで示したら、お母さんはサインと話しことばで、「もっと、もっとミルク」と言います。

　あまり声を出さずに遊ぶ子どももいますから、拡充模倣をしようとしても、その最初の1語がなかなか出ないこともあります。そのような時は、まず大人から話しかけてみましょう。単語を子どもがまねして言ったら、拡充模倣をします。また、声に出して言わなくても、何かを見たり指さしたら、拡充模倣につなげてください。例えば、子どもがボールを見ていたら、「ボール」と声をかけます。子どもがまねをして「ボール」と言ったら、「ボール、ボールちょうだい」と続けます。「○○ちょうだい」や、「もっと○○」という表現は、子どもの要求をかなえられる単語なので、二語文を促す時には必ず使いましょう。

ペーシングボード

　一語文期から二語文期への発達を促すために、ペーシングボードが役に立ちます（図1）。ペーシングボードは、子どもがつなげて使うことのできる単語の数を、視覚的、触覚的に表わすものです。2つの単語を使っていることを目で見て確認できます。厚紙に2つの丸を描いたものが、いちばんシンプルです。丸の代わりに、子どもの好きなクマさんのシールや、きれいな色の布や色紙を貼ってもいいでしょう。例えば「車、走る」なら、「車」「走る」をそれぞれひとつずつのしるしを指さしながら言います。うまく使えるように、手を取って教えましょう。

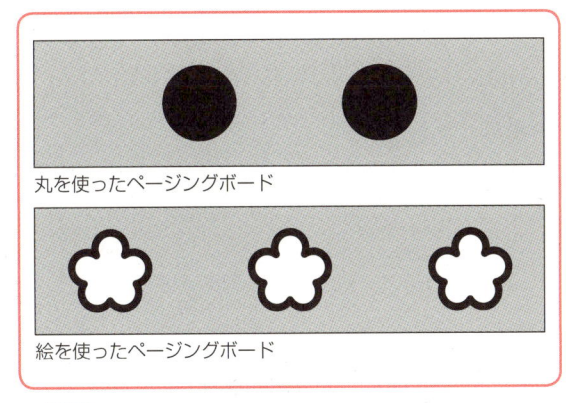

図1　ペーシングボードの例

三語文期

　二語文を話せるようになったら、次は三語文を使えるように促しましょう。三語文では幅広い表現ができます。子どもは自分が知っている単語を使い、それを組み合わせて文を作ります。二語文期から三語文期への発達を促す時も、拡充模倣を使いましょう。子どもが、「車、走る」と言ったら、「車、走る」と繰り返します。ことばを繰り返して正しいと確認します。そして「車、速く走る」、「大きな車、走る」とつけ加えてみましょう。日常生活や遊びの中で、何度も繰り返し練習します。

三語文を使えるのに、あまり使いたがらない時は、メロディーにのせてみましょう。オペラ歌手のように大げさに歌ってみたり、テレビCMのまねをしたりするのも楽しいものです。話しことばのリズム（プロソディー）にもよい影響を与えます。三語文の中で、キャリア文と前置詞句は、違う方法で教える必要があるので、これらについて次にふれておきます。

● キャリア文

キャリア文とは、「○○をちょうだい」のように、決まった語が決まった語順で使われる文のことです。キャリア文はまとまりとして覚え、中の1語か2語を入れ替えるだけで使うことができます。「キャンディをちょうだい」「車をちょうだい」など、単語を入れるだけで、違った内容を伝えられ、覚えるのも簡単です。

キャリア文は、遊びの中で練習しましょう。人形を使って、「晩ごはんに何が食べたい？　私はピザが食べたい」「あなたは何が食べたい？　僕はホットドッグが食べたい」などのお手本になる会話を聞かせてから、子どもにまねをさせ、徐々に自分で言えるようにします。

キャリア文は略さず、完全な形で使えるようにしましょう。一部しか言わなかったら、正しい見本を見せて、まねさせます。歌の好きな子どもなら、リズムをつけてみてもよいですし、ペーシングボードの丸いしるしの上にキャリア文を書いて、読みながら指さして使うのも有効です。

● 前置詞句

もうひとつ、三語文期に習得するのは前置詞句です。前置詞句とは、前置詞（中に［in］、下に［under］など）で始まり、「箱の中に」「テーブルの下に」など、「どこに」という疑問文の答えとなります*5。

前置詞句も、遊びながら体験して覚えるのが一番効果的です。運動場にある遊具の、「上に」乗ったり「中に」入ったり「下に」もぐったりしてみます。次の段階では、もう少し小さな箱を使って、大人が「箱の上に」と言ったら、子どもが箱の上に人形を置く、という遊びをします。決まった箱ではなく、いろいろな種類の箱を使ってください。いつも同じもので練習すると、ほかで応用するのが難しくなってしまいます。

---

*5　前置詞句
日本語の場合、前置詞はありませんが、位置関係をあらわす「どこに～」という表現を練習してみましょう。

言語と遊び

　子どもは遊びを通じて学びます。概念を理解し始めると、おもちゃを本物のように見立てて遊びます。おもちゃのコップから飲むふりをしたり、人形に食べさせるふりをしたりします。また、ブロックで橋を作って、おもちゃの車を走らせます*6。二語文期から三語文期で、言語発達を促す遊びをする時は、以下の点に留意しましょう。

- 子どもが好きなおもちゃを使う。
- 子どもが興味を持ったものを使って遊ぶ。
- まず復唱して子どもが言ったことが正しかったと知らせて、拡充模倣をする。

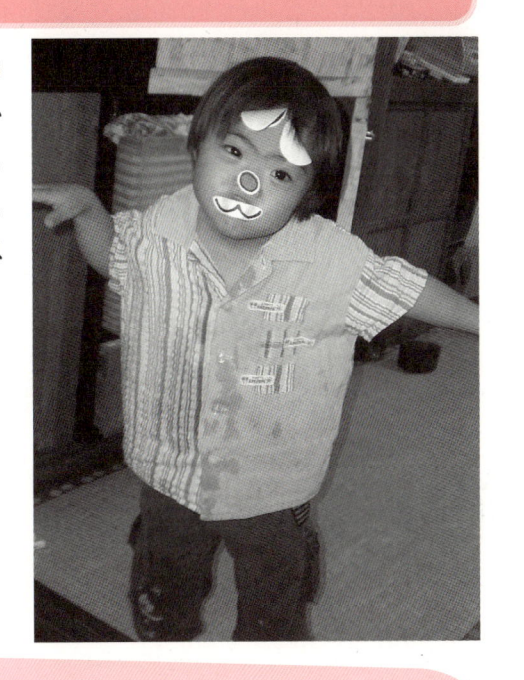

いっしょにやってみよう

　二語文期、三語文期のことばの学習に役立つ遊びを紹介します。

★ おもちゃの車をおもちゃの駐車場のエレベーターに入れます。車を上げながら、「車がのぼるよ」「車が上にのぼるよ」と声をかけます。車を下げながら「車がおりるよ」「車が下におりるよ」と声をかけます。車をのぼらせる時は高い声で、おろす時は低い声で言うと、さらにわかりやすくなります。

★ 子どもと一緒に料理を作りましょう。チョコレートミルクを作りながら、「ミルクの中に」「ミルクをまぜて」「シロップをミルクの中に」などと声をかけます。

★ 着せ替え人形を使って、「靴下をはいて」「シャツを着て」「靴をはいて」などと遊んでみましょう。大きな人形だと子どもはなじみやすく、本物の子ども用の洋服も着せられます。

★ 街並みを描いた、地図状のビニールマットや、自分の住んでいる町の地図をフェルトやキルトで作って使います。おもちゃの車で、街をまわりながら、通り過ぎる図書館や郵便局、スーパーや公園について話し合いましょう。

第6章 二語文期・三語文期

質問のしかたと答え方を教える

　遊びや読み聞かせでは、前置詞の使い方だけでなく、質問のしかたや答え方を教えることができます。学校ではよく「だれ」「なに」「どこ」「いつ」「なぜ」などWH疑問文を使った質問をされます。遊んだり、本を読んだりしている間に、WH疑問文で聞いて、いろいろな答え方を教えましょう。答えられるか試すのではなく、見本を見せることを忘れないでください。本を読みながら、「車はどこ？　ガレージの中」「車はいま、どこ？　橋の上」などとやりとりをしましょう*7。

言語の学習と読み聞かせ

　本の読み聞かせは、言語理解に役立ちます。ダウン症の子どもは目で見て覚えることが得意なので、本を見ると、とても喜びます。長時間集中することが難しいので、以下の点に心掛けましょう。
・大判で、カラフルで、楽しいイラストが載っている本を選ぶ。
・興味のある本を自分で選ばせる。
・週一回、図書館に行く習慣をつける。

*6　言語と遊び
遊びに関する書籍には以下のようなものがあります。
『きほんの遊び142：0〜3歳：赤ちゃんの発達に合わせて楽しむ（はじめて出会う育児シリーズ）』中川信子監修（小学館、2004）年齢別にさまざまな遊びが紹介されています。
Schwartz, S. et al. The New Language of Toys: Teaching Communication Skills to Children with Special Needs. 2nd Ed. Woodbine House, 1996.

*7　WH疑問文が出てくる絵本
『なにをたべてきたの？』岸田衿子著（佼成出版社、1978）
『ねないこだれだ』せなけいこ作（福音館書店、1969）
『だれかしら』多田ヒロシ作（文化出版局、1972）
『あのやまこえてどこいくの』ひろかわさえこ作（アリス館、1993）
『うずらちゃんのかくれんぼ』きもとももこ作（福音館書店、1994）
『ぐりとぐらの1ねんかん』中川梨枝子作（福音館書店、1997）
『プータンいまなんじ』わだよしおみ作（JULA出版局、1984）
『どっちのてにはいってるか？』新井洋行作（偕成社、2010）
『かあさんどうして？』谷川俊太郎作（佼成出版社、2010）

- 図書館でお気に入りの本を見つけたら、家の本棚にも加える。
- 子どもが自分でページをめくりやすいような本を選ぶ（第14章にページをめくりやすくする工夫を紹介しています→161p）。
- 読書を特別な時間にする。途中で中断しない。読書の時間が楽しみになるよう、好きないすに座って、子どもに寄り添って読み聞かせる。
- 子どもは繰り返しを好みます。何度も同じ本を読むようせがむのであれば、その本を読んであげる。
- 感情を込めて読む。また、親自身も楽しんでいる姿を子どもに見せる。
- 絵や単語を指さしたら、子どもに合わせてその話をする。
- 本に出てくるものの名前を言ってから、その絵を指さして教える。

　子どもは、自分でもできることが書いてある本が好きです。もみじの本を読んだ後に、実際に落ち葉を集めて何か作ったり、葉っぱの形をしたクッキーを焼いたりしましょう。本を読み直して、もみじについての話をします。あるいは、オリジナルのお話を作り、写真を撮ってそれを貼ります。

　子どもが興味を持てるように工夫してください。人形を使って本のキャラクターが飛び出てきたように見せたり、本の内容について質問して理解を深めたりしましょう。

第7章

言語を支える二本の柱
―語彙と文法―

　ダウン症の子どもは、大きくなるまでコミュニケーションに課題を抱え続けることが多いので、三語文や短文が使えるようになった後も、さらに言語発達を促すような手助けが必要です。ここからは言語の領域にひとつずつ焦点を合わせ、どんなことを学んでいけばよいかについて考えていきます。

語　彙

　語彙には、理解している単語や概念（理解語彙）と、話しことばの中で使える単語（表出語彙）とがあります。ダウン症の子どもにとって語彙を増やすことは、ほかの領域に比べると得意とする分野です。理解語彙、表出語彙とも早い時期から獲得されて、小児期、青年期、成人期を通して増えていきます。語彙の伸びに限界はなく、その発達には家族のかかわりがとても重要です。語彙は次のように分類できます。

・物の名前：「ボール」や「ミルク」といった物の名前は最初に覚える語彙で、しかも大人になっても覚え続けるものです。

・時間や場所を表す関係語：他の単語との関係の中でだけ意味を持つ単語があります。例えば、ある人が朝「早い」と言った時、その人が何を「遅い」とするかによって意味が違ってきます。早いと遅い、先と後など、経験を通じて獲得されます。

・カテゴリー分け：カテゴリー分けには、動物を6種類言えるとか、オレンジ色のものを6種類言えるだけでなく、物をカテゴリー別に区分すること（「これは洋服だ」「食べ物だ」など）を含みます。

・類義語と対義語：類義語とは、「少ない」と「わずかな」などの意味の似た単語のことです。それに対して対義語は、「速い／遅い」「暑い／寒い」「うるさい／静かだ」などの反対の意味の単語です。子どもは家庭や学校での経験や読書を通じて、類似点や相違点を学習していきます。

・意味的関連のある単語：意味的に相互に関連し合った単語のことです。類義語ではありませんが、同じ意味カテゴリーに分類され、「靴下」と「靴」や、「ミルク」と「クッキー」など、ひんぱんに一緒に使われます。

・下位概念と上位概念：単語を分類する時に、より大きな分類に属するものを上位概念、小さな分類に属するものを下位概念と言います。例えば、「金魚」や「鮭」は、「魚」という上位概念に対する下位概念です。

● 子どもはどのように語彙を覚えていくか

　赤ちゃんは、親やきょうだいやまわりの人たちと一緒に生活しながらことばを聞いて、物、行動、人、出来事に名前があることを学んでいきます。また、口の中に物を入れたり、じっと眺めたりして、それが硬いのか軟らかいのか、食べられるのかなど、感覚を通じて特徴を知ろうとします。そして、経験で知った特徴と物の名前を結びつけて、ことばを覚えていきます。幼児期に近づくと、共同注視が見られるようになります。おとなと同じものに注目することができるようになり、その名前をどんどん覚えるようになります。

　語彙力は大きくふたつに分けられます。ひとつは物事の名前を覚えることで、もうひとつは、その単語を文のどの部分で使うかがわかることです。認知面に問題のある子どもは、名前を覚えることに比べて、単語の文法的役割を理解し、長い文の中で適切に使うことが苦手です。

　一語文期の間に家族の名前、呼び名、また、周囲にあるほしい物の名前を覚えます。子どものことばは、いま、ここ、に限定されていますから、興味を持って見つめている物の名前を教えていくのが一番効果的です。最初に覚える10語は、身近な人の呼び名であるママ、パパ、バアバ、物やおもちゃの名前(ボールなど)、ペット（犬など）、日常のあいさつに必要なバイバイなどです。

　子どもは、ひとつの単語を一語文として使います。同じ単語でも時と場合によって違った意味で使われます。例えば「ミルク」と言っても、その時々で「もっとミルク」「ミルクはいらない」「ミルクがこぼれた」などを意味します。概念を覚える過程で、意味の範囲が本来の意味と少しずれることがあります。それを縮小一般化と過剰一般化と呼びます。

　縮小一般化とは、例えば、「ジャケット」という単語を、自分のジャケットだけをさす単語として使うことです。違う色のジャケットや他人のジャケットを見ても、「ジャケット」とはいいません。ジャケットの意味的特長(ボタンやファスナーでとめる短いコート)がわかってくると、すべてのジャケットを「ジャケット」だと理解できるようになります。

　過剰一般化とは、ある単語を覚えた時に、共通の特徴を持つほかのものにも同じ単語を使ってしまうことです。例えば、「ワンワン」を覚えた子どもが、4本足の動物すべてを「ワンワン」と呼んでしまったり、男の人を見ると、すべて「パパ」と言ってしまったりすることです。経験を重ねるうちに、正しい意味で使えるようになります。

　二語文や三語文を理解し話すためには、単語と単語の関係を知らなくてはなりません。例えば、二語文期には、2語を組み合わせて所有を表すこと(「お人形さん、靴下」)や、動作とその対象となる物との関係(「ク

ラッカー、食べる」)を学びます。三語文期には、前置詞句（hat on head［頭にかぶった帽子］）などが使えるようになります。

● ダウン症の子どもの語彙

ダウン症の子どもの語彙数

　ダウン症の子どもの語彙数は、同じ実年齢の発達に遅れのない子どもに比べると少ないことは明らかですが、精神年齢で考えれば、平均的な語彙数を獲得し、言語発達段階相応の語彙数を身につけていくといえます。

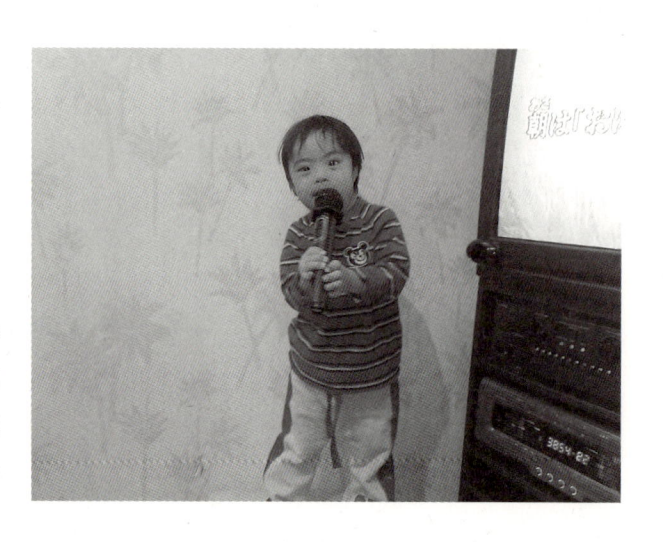

語彙が急に増える時期

　発達に遅れのない子どもの語彙は、一定の速度で増えていき、17か月前後で急激に増える「語彙の爆発」の時期を迎えます。ダウン症の子どもの場合、個人差はありますが、多くの場合2、3歳で急激な語彙の増加がみられます[*1]。私たちの調査（Kuminほか［1998］）では、3歳から4歳にかけて伸びが鈍くなりましたが、これは、サイン言語から話しことばへ移行する時期なので、話すために必要な口の動きのほうに注意が集中してしまうからだと考えられます。

理解語彙と表出語彙のギャップ

　ダウン症の子どもは言語理解が、言語表出よりも早く進みます。多くの研究者がダウン症の子どもについて年齢別の表出語彙数と理解語彙数を調べてきました（表1、2）。語彙数に違いはありますが、表出語彙と理解語彙の数に開きがあるのは明らかです[*1]。

語彙と認知力との関係

　ダウン症の人は、認知に比べて話しことばの発達が遅れる、つまり、自分から伝えられるもの以上のことを理解していると考えられています。認知と語彙の間にもそのような差が見られるかどうかに関しては、定説がありません。しかし、たとえ言語に遅れがあっても、新しいことばを覚えられないわけではありません。時間はかかりますが、生涯にわたって、豊かで幅広い語彙を身につけることができます。

---

*1　ダウン症の子どもと語彙数
英語圏のデータは日本語のものとは異なる可能性があります。おおよその参考程度に考えてください。

表 1 ダウン症の子どもの表出語彙数

月　齢	平均語数（話しことばおよびサイン）	研究者
15～23か月	11～14	Buckley, S.(2000)
24～35か月	28 55（8～226の範囲）	Buckley（2000） Kuminほか（1998）
36～47か月	117 168（5～675の範囲）	Buckley（2000） Kuminほか（1998）
48～59か月	248 251（22～645の範囲）	Buckley（2000） Kuminほか（1998）
60～71か月	272 391（62～611の範囲）	Buckley（2000） Kuminほか（1998）

表 2 ダウン症の子どもの理解語彙数

月　齢	理解できる語の数	研究者
15～23か月	125	Buckley, S.(2000)
24～35か月	167	Buckley, S.(2000)
36～47か月	233	Buckley, S.(2000)
48～59か月	300	Buckley, S.(2000)
60～71か月	334	Buckley, S.(2000)

● 読みと語彙

　イギリスの研究者であるバックレーは、脳が文字を理解する時、書かれた文字を音声に換えて意味を理解する経路をたどるのではなく、書かれた文字から直接意味を読み取るので、読みがダウン症の子どもの語彙学習に非常に有効だと考えています（Buckley[1996][1997]）。耳から聞いたことばを覚えるのが苦手な場合、文字を使うと有効な場合があります。

いっしょにやってみよう

　　第13章で、言語療法士がどのように語彙の問題に取り組んでいるか説明していますが（→150p～）、ここでは家庭でできることを紹介します。

★ 興味を持って見ている物の名前を教えましょう。風船を見ていたら、「ふうせん」と声をかけます。ほかにも風船があったら、指さして教えます。実物と対応させて、物の名前をたくさん聞かせてあげましょう。

★ 指さしをして新しい単語を覚えるきっかけを作ってあげましょう。物を指さし、子どもが見ていることを確認してから、名前を繰り返します。例えば、浜辺でビーチボールを指さしながら「ボール。ボール。ボール」と教えます。

★ 生活の中でことばの概念を教えましょう。例えばスーパーでは、目に入る食べ物の名前を言います。青果コーナーには何があるのか、どれが果物でどれが野菜か、そして品物の名前も教えましょう。

★ 何が？　誰が？　どこで？　いつ？　どうやって？などのWH疑問文の質問をしてみましょう。「パンはどこ？　トマトはどこ？」と店員さんに質問します。語彙とWH疑問文の使い方を同時に学習することができます。

★ 実生活で経験したことばを、おままごとで確認しましょう。スーパーから帰ったら、スーパーごっこをします。おもちゃのショッピングカートやレジ、おもちゃや本物の缶詰めなどを使いましょう。いつも同じスーパーに行くのであれば、お店でもらってきた制服の帽子やエプロンを使って、本物らしい雰囲気が出せます。

★ 子どもが経験した内容の本を読んであげましょう。海に行った後は海の本を読んで、砂や貝や波などの名前を言わせたり、指さしさせたりします。雪の日には、そりや雪だるまなど雪遊びの本を読みましょう。

★ アルバムや思い出の写真を使い、覚えた単語を忘れないようにしましょう。夏に、近所のプールや公園に行ったら、一緒に遊んだ友だちや家族を写真に撮って、出来事について話す手がかりとして使います。冬にアルバムを使って、夏の出来事や覚えたことばを思い出すきっかけにします。豊富な経験が語彙を増やします。家族旅行や休暇の後に語彙が増えたり、プレスクールや幼稚園に入ると急に語彙が増えることは、たくさんの親が経験しています。

★ 物の分類を行って、カテゴリーの学習をしましょう。家事は分類の練習になります。本を本棚に入れたり、おもちゃをおもちゃ箱にしまったり、洗濯物をたんすの引き出しにしま

う時など、いつも自然と分類をしています。必ずひとつひとつの物の名前を言いましょう。「シャツ」と言ってから、シャツはどの分類に入るから、どこにしまうか話したり、本のタイトルを言ってから、本棚のどの棚に分類するか尋ねたりすると、上位概念と下位概念の関係も学習できます。

★ 上位概念（「果物」「動物」のような総称）と下位概念（「みかん」「りんご」「バナナ」のような個別の例）を教えるためのクイズをしましょう。動物園に行った後、「どんな動物がいたかな？」と聞いたり、「クマは動物ね。じゃあバナナは？　動物かな？　違うね、食べ物だね」と聞いたりします。

★ 読み聞かせは子どもの語彙力を伸ばします。語彙力はどれだけ読み聞かせをしたかによって決まってきます。読み聞かせについては、第6章と第14章を参照してください（第6章→76p〜、第14章→160p〜）。

★ 動詞は遊びながら教えましょう。運動場に行って遊具で一緒に遊びながら、動作を声に出して言います。例えば、「のぼってる」と言って、子どもに復唱させてから、「何してるの？」と聞きます。子どもは「のぼってる」と答えたり、そこで走り始めて、「走ってる」と答えたりします。自分で答えられない場合は、「走ってるね」と声に出して言ってあげましょう。

文 法

　文法には、語順、構文、疑問文をどう作るかなどが含まれます。文法は、二語文期までは、あまり気にする必要はありません。ダウン症の子どもは、語彙に比べて文法を身につけるのは遅いと考えられています。文法構造や語尾変化など、たくさんの見本を見て、練習することが必要です。文法はまわりの人の話を聞いているだけではなかなか理解できないので、積極的に教える必要があります。学校だけでなく、言語療法や家庭での取り組みがとても大切になってきます。

　会話の時は、語尾が弱く不明瞭なことが多いので、聴力の低下があると語尾変化が聞き取りにくくなります。しかも、複数や過去などの概念は抽象的なので、ダウン症の子どもには理解しにくいものです。

いっしょにやってみよう

　　話す文が長くなってくると、文法が重要になります。学校や言語療法士との学習を確実に習得するため、家庭でも文法に取り組みましょう。ただし、文法に取り組むのは、小学生以上になってからです。言語療法士が文法に関してどのような取り組みを行うかについては、第13章を参照してください（→150p～）。

★ 洗濯物をたたんだりしまったりしながら、所有を表す「～の」の練習ができます。「お母さんのシャツ」と、「の」を強調して言いながら、洗濯物を分けていきます。もちろん、洗濯物以外のもの、例えばおもちゃや本などでもできます。

★ ケーキを作りながら、「ケーキを混ぜる」「ケーキを混ぜてる」「ケーキを混ぜた」など、時制を現す語尾を強調して言い、時制の表現を学習しましょう。

★ どんな動詞を使えばいいか手がかりになるように、「動詞ノート」を作り、本人や親しい人の写真などを使って、どんな動きをどの動詞を使って表現すればよいのかがわかるようにします。

★ 動作を実際にやってみましょう。「跳ぶ」「曲げる」「伸ばす」など、わかりやすく大きく動かします。自分たちで動いた後は、今度は人形やぬいぐるみを使って、動詞が時制によってどのように変化するかを教えます。例えば、クマのぬいぐるみをベッドから跳び下ろさせながら「クマちゃんが跳んでるよ」、そして着地した後に「クマちゃんが跳んだね」など、時制の変化がわかるように話しかけます。

★ スタンプやシールを使って、「押す」「貼る」、あるいは「一番上に」「下に」など、覚えたい動詞や位置関係を表すことばを遊びながら覚えます。

★ ペーシングボードを使って、動詞の変化形を視覚的に確認しやすくします（「ペーシングボードの活用法」参照→88p～）。

★ 二語文や三語文が使える子どもであれば、拡充模倣を使って、正しい文法を使った文に修正していくことができます。例えば、子どもが「パパ、どこ？」と言ったら、「パパはどこにいるの？」とことばを広げて言ってあげます。もちろん、パパがどこに行ったかについても、しっかりと答えてあげてください。

★ 子どもに何色の粘土がほしいか尋ねます。そしてわざと子どものほしい色を最後に残しながら、「これが赤？」と順番に聞いていきます。子どもには、「違うよ、それは黄色だよ」と答えさせます。まねさせたり、キャリア文を使って、「違うよ、それは○○だよ」と、色

のところを入れ替えさせてもいいでしょう。アイスクリーム屋さんでアイスを選ぶ時や、Tシャツを買いに行って色を選ぶ時にも応用できますし、ゲームのようにしてやると、ストレスがたまらず、楽しくできます。

★ その日にあった出来事をカレンダーにメモします。一週間が終わったら、その週に起こった出来事を振り返って話をします。過去形を使うよい練習になります。

ことばの学習に広告やカタログを利用する

　広告はことばや読みの練習にとてもよい教材になります。お金もかからず、カラフルで、目を引くように作られています。基本的な構成は変わらず掲載される商品だけが毎週入れ替わっていくので、便利に使えます。

　広告を利用して、WH疑問文の練習ができます。スーパーのチラシを見ながら、「何が買いたい？」と聞きます。子どもが答えられなかったら、「ジュースが買いたい？　パンが買いたい？」あるいは、「どっちのパンを買ったらいいかな？」など、答えやすい質問に変えてみます。スーパーに行ったら、子どもが買いたいと言った物のうち、いくつかは買ってあげてください。

　子どもの誕生日やクリスマスが近かったら、おもちゃ屋さんの広告やカタログを見ながら、「何がほしい？」と聞きます。そして、ほしい物の横に丸を書くか、シールを貼って印をつけましょう。違うお店の広告が何枚かあったら、それを見ながら、「ショートパンツはどこで買える？」、「チョコはどこで買える？」、「バービー人形の新しいドレスはどこで買える？」などと質問します。

> 翻訳者Column
> ## ダウン症の子どもの構文練習

日本語の文法の特徴とダウン症の子ども

　日本語の場合、文法は助詞（てにをは）と語尾とが大きな役割を持っています。短い文では、助詞がなくても文が成り立ちますが、文が長くなると意味が伝わりにくいものが出てきます。例えば、「明日　ぼく　りんご　食べる」という4語文は意味がわかりますが、「お母さん　ぼく　りんご　切る」では「お母さんとぼくがりんごを切る」なのか、「お母さんがぼくのりんごを切る」なのかの区別ができなくなってしまいます。

　助詞は単語の後について、主語、述語など、文の中でどんな役割を持っているのかを示します。

　語尾は、「絵を描く／絵を描かない」（肯定／否定）、「絵を描いた／絵を描いている」（過去／現在進行）、「絵を描け／絵を描きましょう」（命令／呼びかけ）など、文にいろいろな意味を持たせることができます。

　ダウン症の子どもの場合、助詞や語尾をうまく扱えないことが多く見られます。例えば「Aの箱にBの箱を入れる」というような作業の指示を聞いた時に、「Aの箱　Bの箱　入れる」しか聞き取れていないとすると、「Aの箱をBの箱に入れる」こととの区別がつかなくなってしまいます。理解できていないのは助詞だけなのに、作業手順全体が理解できないと判断されてしまいかねません。

　ダウン症の子どもが話をするときには、長い文を作ることが難しいので、比較的短い文を連ねることが多くなります。助詞を間違えたり、省略してしまうこともみられます。語尾の扱いが不十分だと、上記のような語尾の変化で表現されている文の意味を誤って聞き取ったり、話してしまうことがあります。

ダウン症の子どもの構文練習

　構文の練習はまず、動詞の練習から始めます。次に助詞も語尾も大きな意味を持たないような簡単な文、その後、助詞や語尾が意味を持つような文へと進みます。練習は聞いて理解することと正しく話すこと、必要に応じて文字で読んだり書いたりすることも行います。

　例えば、「女の子が男の子を押す」という文を、「女の子が男の子が押す」と言ってしまう場合に、次のような練習を行います。まず、「女の子が男の子を押す」絵カード（図1）と、「男の子が女の子を押す」絵カード（図2）を用意します。その上で、以下の要領で進めます。

ステップ1　「女の子が押す」「男の子が押す」だけを聞かせて正しいほうのカードを選ぶ

ステップ2　「男の子を押す」「女の子を押す」だけを聞かせて正しいほうのカードを選ぶ

ステップ3　文全体を聞かせて、正しいほうのカードを選ぶ

ステップ4　動詞はそのままにして、「女の子」「男の子」以外の主語・目的語を選び（例えば「パンダが象を押す」など）、同じように練習する

ステップ5　「押す」以外の動詞で、同じように「……が、……を……」となるような動詞を選んで（例えば、「ひっぱる」や「抱く」など）、同じように練習する

　助詞も文末もひらがなで書かれるものですので、ひらがなの読み書きができるほうが練習はしやすくなります。

図 1　女の子が男の子を押す　　　図 2　男の子が女の子を押す

> 翻訳者Column
ペーシングボードの活用法

　ペーシングボードは、目に見えない話しことばのいろいろな要素を、目に見える形にして、理解を促すために使います。例えば、助詞が存在することに注目させたいときは、

ぼく が りんご を たべる

| ぼく | が | りんご | を | たべる |

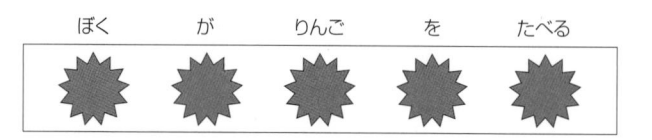

として、「が」や「を」がひとつの大切な要素であることを意識させます。
　また、語尾の練習をするときには、例えば、

ぼくは りんごを たべ ている

| 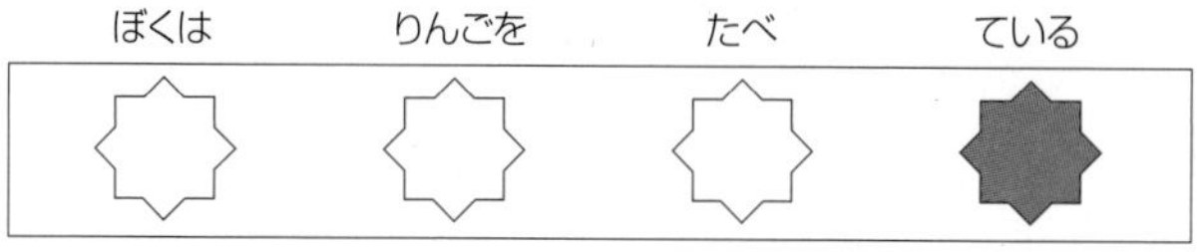 ぼくは | りんごを | たべ | ている |

ぼくは りんごを たべ たい

| ぼくは | りんごを | たべ | たい |

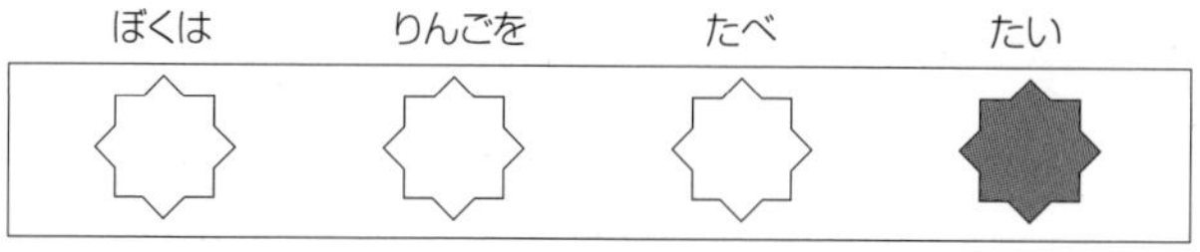

として、語尾が変わると意味が変わることを意識させます。
　促音や長音、拗音を含む単語の構音練習をするときには、例えば、

きっぷ

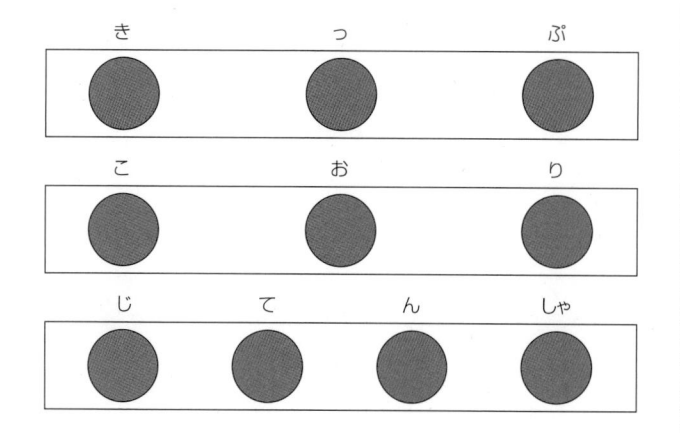

| き | っ | ぷ |

こおり

| こ | お | り |

じてんしゃ

| じ | て | ん | しゃ |

などを用い、単語の中での音の長さを正しく把握させます。

　これ以外にも、ペーシングボードはいろいろなことばの練習に使うことができます。第6章では、単語の存在を知らせるために、第8章ではリズムの練習の、第9章では音韻指導の、第13章では話す長さを延ばすための使い方が述べられています（第6章→73p〜、第8章→101p〜、第9章→118p〜、第13章→151p〜）。

第8章

話しことばと明瞭度の問題

　ダウン症の子どもは、伝えたいことがたくさんあるのに、話しことばの「明瞭度」が低く、相手に伝わらないことがあります。明瞭度とは話の聞き取りやすさです。
　「わからなかったのでもう一回言ってみて」といつも言われていては、ストレスがたまります。親にとっても、子どもが何を言っているのかわからないのはストレスになります。
　学校や社会への参加が増えると、明瞭度はますます重要になります。友だちが多くなるにつれ、話しことばが理解されにくい場面も増えていきます。ダウン症の子どもの問題行動の一因は、理解してもらえないストレスであるという研究者がいます（Reichleほか［1993］）。
　ダウン症の子どもの中には、かなり早い時期から明瞭度が問題になる子どももいますし、長い会話をする時期になってから問題が現れてくる子どももいます。

明瞭度はどのように判断されるか

　言語療法士が明瞭度の診断を行いますが、周囲の人も子どもの明瞭度を判断しています。明瞭度は場所や聞き手など、さまざまな要因によって変化します。心理状態によっても変わるので、簡単なあいさつははっきり言えても、不安な時の話はわかりにくくなります。
　明瞭度の問題があると診断されても、子どもによって原因も対処法も違います。原因を正しくとらえなければ有効な対処法は見つかりません。

ダウン症の子どもの明瞭度の問題

　以前はダウン症の人の明瞭度に関する研究はあまり行われていませんでしたが、1994年に私たちが行った家族調査で、明瞭度が重大な問題であることがわかりました。95％以上の家族が、子どものことばが、家族以外の人には理解してもらいにくいと回答しました。専門家の中にすら、明瞭度の問題がダウン症の一部で

あるかのように扱う人がいます。「ダウン症なので当然、話しことばははっきりしない」と考えているのです。しかしダウン症だからとあきらめる必要はなく、その原因がわかれば、改善する道が見えてきます。

明瞭度に影響を及ぼす要因

　子どもの言ったことが聞き手に理解してもらえないのを、単に構音の問題だと考えてしまいがちですが、それ以外にもいくつかの要因が関係しています。

　子どもは通常4歳頃には、言いたいことが100％相手に伝わる話し方を身につけるといわれています（Weissほか［1981］）。しかしダウン症の人は、いくつになっても相手に100％伝わる話し方にならないことが多く、原因は単に発達の遅れのみではないと考えられます。

解剖学的要因と生理学的要因

解剖学的要因

・高く狭い口蓋：硬口蓋が通常より狭く高いため、話しことばが鼻にかかったようになります。
・不規則な歯並び：歯と歯の間が空きすぎたり詰まりすぎたりしていると、構音しにくくなります。

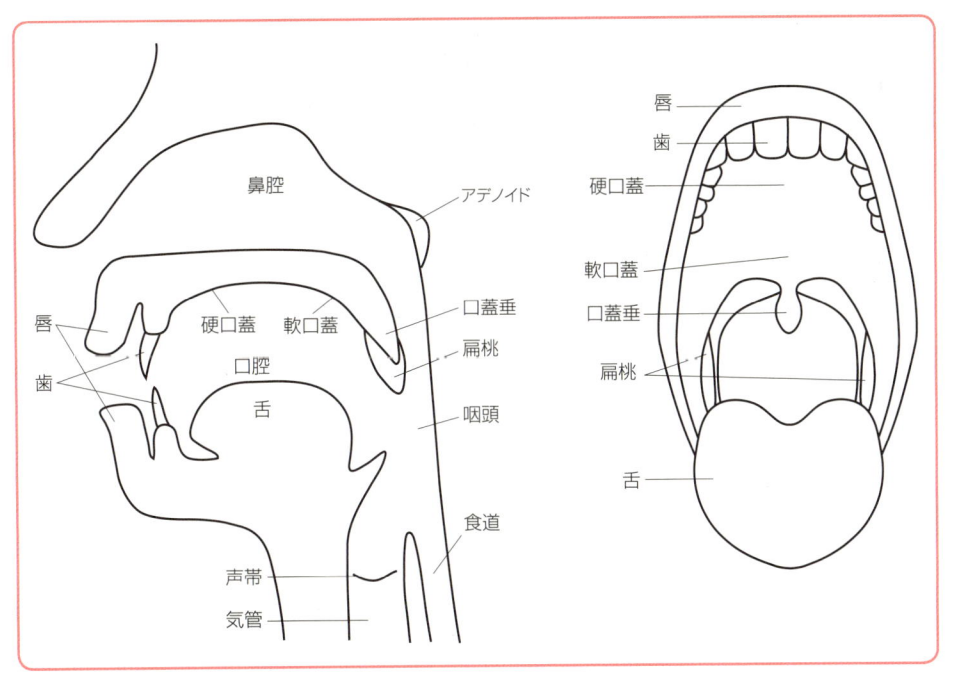

図 1　構音器官の図

- 開咬：上下の歯が前部で接触しないと、舌が歯の間から突き出てしまい、言おうとしたのと違う音になってしまいます。
- 相対的に大きな舌：舌は普通の大きさですが、口腔が狭いために舌が動く範囲が限られ、構音に影響を与えます。

生理学的要因
- 顔面・口腔の筋緊張が低い（低緊張）。
- 顎関節の弛緩した靭帯：関節をつなぐ靭帯組織が普通より緩んでいます。
- 浸出性中耳炎にかかりやすく、一時的に聴力低下を起こすことがあります。

解剖学的要因と生理学的要因の合併
- 扁桃とアデノイドの肥大が口蓋と咽頭筋の低緊張と合わさると、鼻を通る空気の道が狭められ、鼻が詰まっているような声になります。
- 筋肉の低緊張とアレルギー、扁桃とアデノイドの肥大があり、加えて顎が小さく舌が相対的に大きい子どもは、いつも口を開けて舌を突き出しがちです。食べ物がうまく食べられず、構音にも影響が出てきます。

● 聴覚障害

　中耳炎を繰り返すと、治っている時は正確に音を聞き取ることができますが、中耳炎の時は聞こえないため、言語の発達がじゃまされます。耳の病気は完治するまで根気よく治療してください。聴覚について詳しいことは、第2章と第3章を参照してください（第2章→16p〜、第3章→30p〜）。

● 舌突出

　ダウン症の子どもには舌突出がよくみられます。舌突出とは、食べている間や話している時に、舌が口からはみ出して突き出してしまうことです。舌突出は言語療法士が診断し、歯科矯正医と言語療法士とが一緒に治療を行います。多くの場合、6歳以後に治療を行います。

　話しことばを改善するために舌の縮小手術を試みる親もいます。手術によって舌が小さくなっても、その動きまで改善するわけではありません。私は経験から、舌の大きさではなく、筋肉の強さや動きが話しことばに最も大きな影響を与えていると考えています。舌と唇の運動を行うことで、筋肉を強くし、舌を口の中にとどめ、唇を閉じていられるようにすることができます。

神経学的機能

筋肉がなめらかに協調して動くためには、脳、脊髄、末梢神経が密接に連携していなければなりません。この神経システムは、体に起こった痛み、接触、位置、筋緊張などの感覚処理にも関係しています。神経の働きは話しことばに大きな影響を与えます。

● 聴知覚

ダウン症の子どもは聴知覚に問題があり、聞いただけで言語音を学ぶのが苦手です。この問題は、難聴に加えて音の学習をさらに難しくしています。音を聴くだけではなく、鏡やサイン、身振り、文字などの視覚的手がかりを使うと、構音を学ぶ助けとなります。

● 運動障害性構音障害

構音は神経や筋肉の発達の影響を受けています。ダウン症の子どもの中には、神経の発達がアンバランスで、ことばを話すのに必要な筋肉の動きを協調させるのが難しい子どもがいます。

運動障害性構音障害（以下構音障害）がある場合、構音だけでなくかむことや飲み込むことにも問題が起こります。また、音声、共鳴、吃音を含めた話しことばのほかの面にも問題が生じます。

構音障害のある子どもは、問題点がいつも決まっています。例えば、いつも自分の名前を同じように誤って構音する、3語言うと必ず息が切れてしまうなどです。構音障害の場合、その原因となる構音器官の動きがかかわるすべての音に問題が生じます。構音障害は言語療法で改善することができます。

いっしょにやってみよう

①子どもと一緒に鏡を見ながら、唇と舌を動かしてみましょう[*1]。
- ★ 唇を丸める
- ★ 投げキスをする
- ★ チュッとキスの音を出す
- ★ 口角を横に広げてから口をすぼめる
- ★ /ウー/と/イー/を交互に言う
- ★ 眉間にしわを寄せる
- ★ 口を広く開く
- ★ 口をかたく閉じる

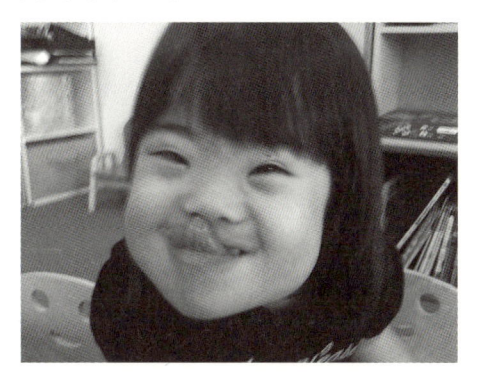

★ 舌を上へ伸ばす（鼻に触れるように舌を動かす）

★ 唇をなめる（子どもの唇にピーナッツバターやアイスクリームを塗る）

★ 口を閉じて/ンー/と言う

★ あくびをする

★ ため息をつく

②今度は鏡を見ずに同じことをやってみましょう。相手を見ながらまねをします。

③シャボン玉を吹いてみます。シャボン玉を吹くことはできなくても唇を丸める練習になります。息の調節ができるようになってくると、シャボン玉がふくらむようになります。

④笛は、唇を丸めたり固く閉じたりする練習になります。はじめは大きくて丸いマウスピースが吹きやすいでしょう。しっかりくわえることができなければ、スポンジやハンカチを巻きつけて、マウスピースをさらに大きくしてください。

⑤呼吸の調整や唇の運動のために、ハーモニカを吹きましょう。リコーダーもダウン症の子どもが楽しめる楽器です。

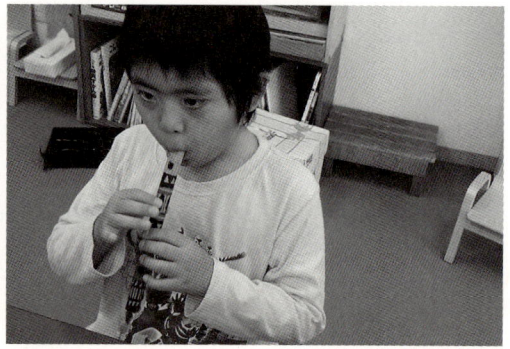

＊1　口の運動
言語療法士のローゼンフェルド・ジョンソンは、ダウン症の子どもを対象とした口の動きを高めるプログラムや、そのための道具を開発しています。詳しく知りたい方は下記の著書やウェブサイト（どちらも英語）を参考にしてください。
Rosenfeld Johnson, S. Oral-Motor Exercises for Speech Clarity. Talk Tools/Innovative Therapists, 1999.
Innovative Therapists International
http://www.talktools.net

● 発達性発語失行

　発達性発語失行（小児発語失行ともいう）は、運動企画の問題で起こります。運動企画は話すために正しい順序で筋肉を動かす神経からの命令です。筋肉の動き自体は影響を受けていないので、食べることには何の問題もありません。

　発語失行の場合、誤り方がその都度違います。同じ人の名前をはっきりと言える時もあれば言えない時もあります。また語の中で音の順序が入れ替わることがよくあります。語が長くなるにつれて言いにくくなり、誤りが多くなります。

　ダウン症の子どもの中には、発語失行の子どもがたくさんいます。1994年の私の調査では、48〜72％の親が、子どもにその兆候がみられると回答しています。年少の子どもにはほとんどみられませんでしたが、年長の子どもには多くの問題がありました。年少の子どもは話が短いのに対し、年長になるにつれて会話が長くなっていくからでしょう。

　発語失行は構音障害と区別することが難しく、合併していることも多いので、ほとんどが見過ごされてきました。私たちの研究で発語失行のある子どもは、ほかのダウン症の子どもよりも話し始めるのが遅れる傾向があり（平均5歳）、明瞭度の問題も大きいことがわかりました（Kumin [2003]）。

　発語失行と構音障害とはどちらも明瞭度に大きな影響を与えますが、その対処法は全く異なるので、2つをしっかり区別することが必要です[*2]。

発語失行の特徴

- 話そうとするのにうまくいかず、もがく様子がみられます。一生懸命舌や唇を動かして話そうとしているように見えますが、正確な音は出てきません。
- ある時は音や単語をはっきり言えるのに、同じ音や単語を言うのがとても難しい時もあります。
- 乳児期の喃語やクーイングが少ない。
- 言える音の種類が少ない傾向があります。子音が言えず母音ばかりで話すこともあります。
- 無意識に話す時と、自分から意識的に話す時では、明瞭度が異なります。「いいよ」や「知らない」は、はっきり言えるのに、自分から話す時や質問に答える場合は、言いにくくなります。
- 音をひとつずつ模倣したり言ったりすることはできますが、組み合わせて単語にすると言いにくくなります。
- 話が長くなるほど言いにくくなります。
- プロソディ[*3]に問題があります。話すのが遅かったり、速かったり、もしくはペースが不規則なこともあります。

*2　発語失行の指導法
Strode, R. et al. Easy Does It for Apraxia and Motor Planning: Preschool. LinguiSystems, 1995.

🌟 いっしょにやってみよう

発語失行に対しては、継続的な練習が大切です。

★ 歌を歌いましょう。手遊びや、繰り返しのある歌がよいでしょう。繰り返しているうちに、歌いやすくなっていきます。

★ 同じことばが何度も繰り返される本を読んであげましょう*4。繰り返されるうちにことばを覚え、一息に言うことができるようになります。一部だけでもよいので、「うまく言えた」という経験をさせてください。

★ 繰り返し使われる文やあいさつのことば（例えば、「元気？」や「またね」）をたくさん使ってあげましょう。

★ 子どもが話しにくい時には無理をしないでください。「きちんと『ちょうだい』と言えるまでアイスクリームはあげません」などと、強要しないでください。

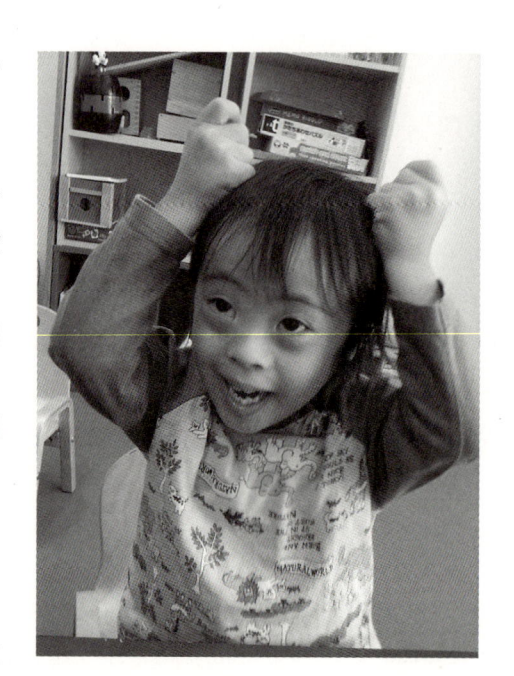

★ 話しにくいときは、サインや絵カードなどを使った、トータル・コミュニケーションを使ってコミュニケーションを促してください。おとなからはサインあるいは絵に必ず話しことばを併用して話しかけますが、子どもはサインや絵だけで答えてよいことにします。

★ 歌の速度を落として、ゆっくりと体を動かしながら歌いましょう。普通の速度では一緒に歌えなかった発語失行の子どもも歌えることがあります。

*3　プロソディ
話しことばのリズムを表す総称。

🔴 口腔感覚機能

　ダウン症の子どもの中には、口のまわりの感覚が過敏、あるいは鈍感な子どもがたくさんいます。過敏な子どもは、顔を洗ったり歯をみがいたりすることがきらいです。鈍感な子どもは体からの十分な感覚が得られないので、口の中に指を入れ、しゃぶったりなめたりして感覚刺激を得ようとします。口の中の感覚が鈍いと、構音した時に口の動きを感じる感覚も十分に発達しません。

話しことばの聴覚的印象

　私たちが人の話を聴く時、どんなところが気になるでしょうか。声が大きい、よくつかえる、音の間違い、音が省略されるなど、聞き手が話し手の話を聞くときに、気になる点を聴覚的印象といいます。

🔴 構　音

　構音は、話しことばを産生するための構音器官の動きのことです。構音器官は唇、舌、上顎と下顎、硬口蓋と軟口蓋、歯ぐき、歯です。構音の問題があると、症状はいつも決まった音に現れます。その結果、明瞭度に影響を及ぼすことがあります。問題のある音がよりひんぱんに使う音であればあるほど、影響は大きくなります。ダウン症の子どもにとって構音は大きな問題なので、第9章で詳しく説明します（→106p〜）。構音の評価と指導については、第12章と第13章でさらに詳しく述べます（第12章→147p〜、第13章→152p〜）。

🔴 音韻プロセス

　幼児がことばを話せるようになっていく過程で、ほとんどの子どもに「音韻プロセス」と呼ばれるものがみられます。これは話しことばを言いやすくするため、子どもが無意識にしている音の置き換えのパターンです。構音できない音があっても、自分流に構音できるようにしてしまうのです。

　通常、発達に遅れのない子どもでは5歳を過ぎて音韻プロセスが残ることはありませんが、ダウン症の子どもには、長く音韻プロセスがみられます。これが明瞭度に重大な影響を与えることがあるので、次章で音韻プロセスの問題とその改善方法について詳しく説明します。

＊4　同じことばが何度も繰り返される本
『のせてのせて』松谷みよ子作（童心社、1969）
『おおきなおおきなおいも』赤羽末吉作（福音館書店、1972）
『三びきのこぶた』イギリス昔話（福音館書店、1967）
『はらぺこあおむし』エリック・カール作（偕成社、1989）

● 音 声

声 質

　声質も明瞭度に影響します。ダウン症の子どもの声質はかすれ声、ガラガラ声、息漏れのあるような声、と表現されます。その原因には、喉頭のアレルギーや解剖学的要因など、医学的治療を必要とするものがあります。また、声帯の緊張を調整する喉頭や周辺の筋肉の低緊張も影響します。声が気になるようでしたら、耳鼻咽喉科で検査を受けてください。

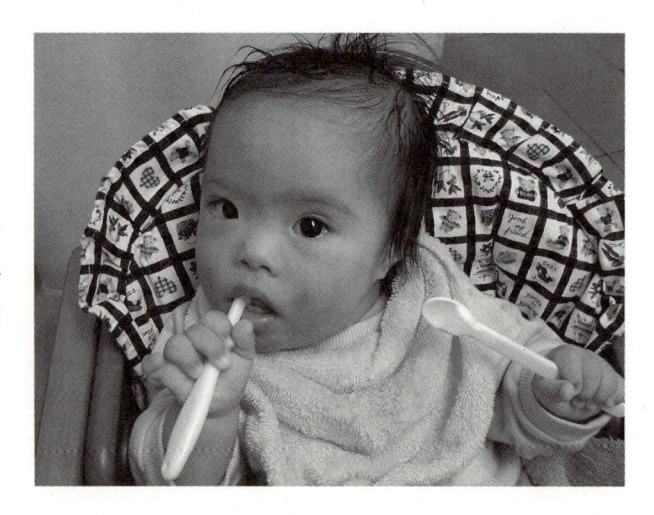

声の高さ

　ダウン症の人の声はかすれ声に聞こえるので、聞き手には低く感じられますが、研究によれば、実際は周波数が高いという結果が出ました。声域（声の高低の幅）は、ダウン症の人もそれ以外の人もほぼ同じです。

声の大きさ

　明瞭度を上げるには、ちょうどよい大きさの声で話すことも大切です。ダウン症の子どもの中には、大きい声で話す子どもがいて、中には叫んでいるような話し方をする子どももいます。いつも大きな声を出していると、のどを痛めてしまうので、どなったり叫んだりしないように教えましょう。

　ダウン症の子どもの場合、声が大きすぎるよりも小さすぎる子どものほうが多いです。声の大きさの問題から、身体の異常が発見されることもあります。例えば、耳の感染症を繰り返し、聴力の変動があると、自分で声の大きさをチェックしにくくなります。筋の緊張が低い子どもは、大声で話すための呼気を維持できないことがあります。もし声の大きさに問題があったら、まずは耳鼻咽喉科の診察を受けてください。呼吸の問題は、主治医や言語療法士に相談しましょう。

　しかし多くの場合は、自信不足や経験不足、あるいはどならないように気をつけて逆に声が小さくなってしまうことが原因です。いつ大きな声で話し、いつ静かな声で話せばよいのかを教える必要があります。これは家庭や地域で、生活の中で教えるのが一番です。声の大きさが調整できないという問題は、ダウン症以外の子どもでもよく見られます。特別な対応方法があるのではなく、ほかの子どもと同じ方法で教えればよいのです。

いっしょにやってみよう

★ 大きい声と静かな声について子どもと話し合ってから、大きい声を使う練習と静かな声の練習（ささやき声から少し大きくする）をしてみましょう。
★ 大きい音や静かな音をいろいろ調べてみましょう。例えば、動物園でライオンの声を聞いたら「大きいうなり声だね」と話しましょう。水がポタポタたれたり鳥がチーチー鳴いたりする静かな音を聞き、子どもと話し合いましょう。
★ 学校のような、静かな声を使う必要がある場所や、野球の試合やジェットコースターの上のように、大きな声を出してよい場所について話しましょう。そこへ行く直前に話すのが一番効果的です。
★ 声の大きさを意識させる本を読んでみましょう[*5]。
★ 子どもは声の大きさが調節できるようになっても、実際の場面で忘れてしまうことがよくあります。そんな時は合図を送ってみましょう。親指を立てたら「大きな声で」、手を握ったり開いたりすると「もっと小さく」、などと合図を出します。

● 共　鳴

　共鳴は、どれほど音声が豊かに響き渡るか、つまり声の音色です。アナウンサーの豊かな声は、共鳴も声質もとてもよい状態です。ダウン症の子どもに多い共鳴の問題が、閉鼻声と開鼻声です。

閉鼻声

　アレルギーや扁桃とアデノイドの肥大があると口呼吸になり、その結果鼻腔を通じた共鳴がなくなります。そうすると、風邪をひいているような鼻の詰まった声になります。これは閉鼻声と呼ばれます。原因が治療されると閉鼻声も改善されます。アデノイドの肥大などの医学的な問題は、耳鼻咽喉科医に相談してください。

---

*5　声の大きさを意識させる本
『三びきのやぎのがらがらどん』北欧民話（福音館書店、1965）
『しーっ しずかに』いちかわけいこ著（佼成出版社、2008）
『くまのこうちょうせんせい』こんのひとみ著（金の星社、2004）
『シイイイッ！』ジーン・ウィリス著（評論社、2006）

開鼻声

　軟口蓋が短い、あるいは鼻咽腔閉鎖不全（空気が鼻腔に行かないように、軟口蓋とのどで鼻への通り道をふさぐことができないこと）がある場合は、口だけで共鳴する音まで鼻腔を通じて共鳴してしまいます。これは開鼻声と呼ばれます。開鼻声があると鼻にかかった声になります。

　言語療法士に鼻咽腔閉鎖を促すために筋肉を強くする運動をしてもらうことができます。開鼻声が強い場合は、歯科、口腔外科、言語療法士が参加する口蓋裂治療チームの治療を受ける必要があります。鼻咽腔閉鎖を促すため、歯のブリッジに似たパラタルリフト*6を使うこともありますし、咽頭弁の手術を行うこともあります。必要があれば小児科医から近くの専門機関を紹介してもらってください。

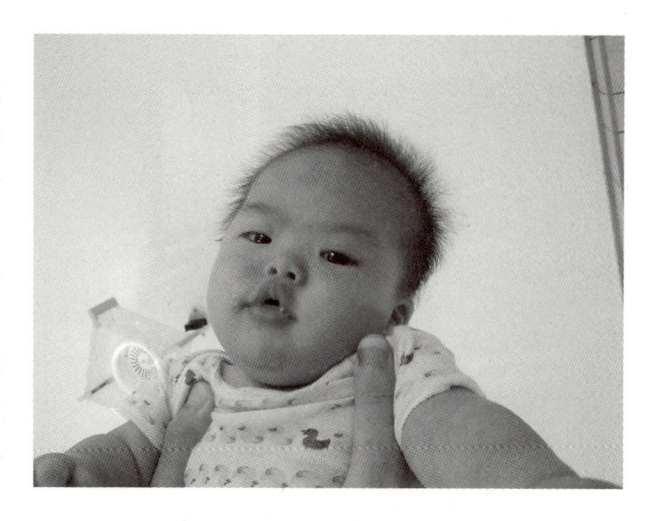

手術の共鳴への影響

　扁桃摘出術やアデノイド摘出術は共鳴に影響を与えます。耳鼻咽喉科の手術を検討する時は、共鳴に及ぼす影響を慎重に考慮する必要があります。主治医に扁桃摘出術あるいはアデノイド摘出術を勧められたら、手術後のフォローアップが必要かどうか、言語療法士に判断してもらいましょう。手術が必要かどうかは医学的な決定ですが、話しことばへの影響も無視できません。

● 速　度

　話す速度は、聞き取りやすさに影響を与えます。ダウン症の子どもは話すのが速かったり、遅かったり、不規則に変化したりします。最初は聞きやすい速度で話し始めても、会話が進むとだんだん速くなることもあります。

*6　パラタルリフト
パラタルリフトに関しては、歯科や口腔外科でも相談にのってもらえます。

🐰🗻⭐ いっしょにやってみよう

★ ペーシングボードを使って、規則的なリズムパターンを覚えましょう。ペーシングボードについては第6章で説明しました（→73p）。5語くらいで話すことが多い子どもの場合、しるしが5個ついたペーシングボードを用意します。最初の単語を言った時に指を最初のしるしに置き、2番目の単語を言った時に2番目のしるしに、と続けます。リズミカルに話すことを視覚的に見せる効果があります。

★ 太鼓のリズムに合わせて話してみましょう。例えば、太鼓の音にあわせて、「やあ！　元気？元気だよ。じゃあ、さようなら！」と言う練習をします。

★ 話す速度に合わせておもちゃを動かすゲームをしてみましょう。ゆっくり話す時には、車をゆっくり動かします。スピードを上げた時は車を速く動かします。

モーターボート、モーターボート

次のような文句を唱えながら、体を動かしてみましょう。

　　モーターボートが、モーターボートが、ゆっくり行くよ
　　モーターボートが、モーターボートが、いそいで行くよ
　　モーターボートが、モーターボートが、スピードを出すよ

赤ちゃんなら抱いて動きましょう。ゆっくりの時は、輪になってゆっくり歩きます。いそいで行く時は速く歩きます。スピードを出すよ、と言ったらスピードを上げます。プールでモーターボートになったつもりで動いてみたり、お風呂でおもちゃのボートを走らせてみてもいいでしょう。

第8章　話しことばと明瞭度の問題

● 吃 音

　吃音のある子どもは音の繰り返しがみられたり、言おうとするのに音が出せず沈黙してしまったりします。吃音はダウン症の子どもによくみられます。ダウン症の人の約45～53％に吃音がみられます（Devennyほか［1990］、Preuss［1990］）。長く複雑な文を話すようになるまで吃音はみられないので、この本で扱う6歳までの子どもではあまり問題にはなりません。

　吃音がみられる場合、そのことに注意を向けさせないようにすることが重要です。子どもが何を言っているのか、辛抱強く聴いてください。代わりに言ってあげたり、ゆっくり言わせたりするのは控えましょう。

● プロソディ

　プロソディとは話しことばのリズムです。声は質問文の最後では上がり、陳述文では下がります。子どもがおもちゃの電話で話したり、テディベアと話しているのを聞くと、はっきりしたことばではないのに本当の会話をしているかのように聞こえます。それは子どもが言語のプロソディを上手に使っているからです。プロソディはダウン症の子どもにとって難しい問題です。特に長い文で話せるようになった時にはっきりしてきます。

いっしょにやってみよう

★ オペラのように歌う遊びをして、ことばのリズムに気づきやすいようにします。「おはよう。元気ですか？」と歌ってみましょう。抑揚とリズムが強調されます。

★ 同じ単語をさまざまな抑揚で言ってみましょう。たとえば「アイスクリーム？」と語尾を上げて尋ねます。子どもは、ほしければ「アイスクリーム」と語尾を下げて答えます。もし質問されているということが理解できないようなら、「アイスクリームがほしいの？」と文で言い直しましょう。

言語的要因

　ここまでは「話し方」に焦点をあててきましたが、明瞭度は「話す内容」にも影響されます。話の内容が予想できる時や、あいさつは聞き取れても、お母さんが見ていない幼稚園での出来事を話し出した時は、理解できないこともあります。また、会話の途中で話が話題からそれてしまうと、何を言っているのかわからなくなります。

ジェスチャーや表情

　明瞭度の問題があっても、ジェスチャーや表情をうまく使えば、話の内容を伝えやすくなります。「とてもうれしいです」と言うときは微笑んだほうが、眉をひそめて悲しそうにするよりも、相手に伝わりやすいでしょう。

　ダウン症の子どもは、話をしている時にうつむいたり、目をそむけたりしがちです。相手を見なければ、注意を向けてもらえず、言いたいことを十分に理解してもらうことができません。

　その国の文化によって、適切な相手との距離があります。ダウン症の子どもは、どちらかというと相手に近づきすぎます。ロールプレイをしたり、床にしるしをつけて練習すれば、相手との適切な距離を保つことができるようになります。詳しくは第10章を見てください（→120p〜）。

明瞭度に影響を及ぼす外的および環境要因

　明瞭度は話し手や聞き手、話の内容、そして周囲の環境に影響を受けます。雪だるまを作った後でマシュマロを食べながら、雪だるま作りについて話していれば、たくさんの手がかりがあり、言っていることが理解しやすくなります。しかし夏休みに海水浴場へ行く途中に雪だるまについて話し始めた場合、手がかりはありません。

　話し手の心理的な状態も、明瞭度に影響を及ぼします。興奮したり、怯えたり、怒ったり、不安なとき、はっきり話すのは難しいでしょう。子どもが、学校でいやなことがあったと話し出したのに、何が起こったのかわからずに困ったことはありませんか？

　そのようなときは、子どもの言っていることを理解したいということを伝えて、安心させてください。身振り、物を見せる、絵を描くなどの方法を使わせてみるのも有効かもしれません。子どものことばを理解できないことが多い場合は、第11章を参照してください。AAC（拡大・代替コミュニケーション）について解説しています（→128p〜）。

「慣れた聞き手」と明瞭度

　子どもと親しくなり、話し方に慣れてくると、子どもの話がわかりやすくなったと感じられますが、それは「私たちにとって」わかりやすくなったのです。親や言語療法士が問題なく聞き取れても、実際には軽度から中等度の明瞭度の問題があることがあります。親が理解できない時は最も明瞭度が低い状態といえます。明瞭度の評価については第12章を参照してください（→148p～）。

明瞭度を上げるために

　子どもが話し始めたばかりの時は、積極的に話をするように励ましましょう。一語文期から三語文期までは、話の意味が通じることを重視して、構音などが間違っていてもあまり直さないようにしてください。自分で修正できないのであれば、誤りを指摘するのはまだ早いのです。ただしお手本は常に聞かせてあげましょう。ある音を正確に言える時と言えない時とがある場合は、言い直させてみましょう。単語の中の音を省略してしまう時と正確に言える時とがあるという場合も、もう一度言わせてみてかまいません。

　ダウン症の人は、明瞭度を改善していくことができます。友だちや同僚に理解してもらいたいと本人も思っています。できるだけきれいではっきりした話しことばが定着するよう、家族そろって協力しましょう。

　子どもの自尊心を傷つけないように気をつけてください。人前で子どもの誤りを修正することには慎重になってください。穏やかに、楽しく、愛情を持って練習しましょう。子どもは理解されたいので熱心に取り組むようになります。言語療法士が明瞭度を改善する方法については第13章を参照してください（→154p～）。

MEMO

第9章

ことばの音を学ぶ
―構音と音韻―

　第8章では、明瞭度に影響を与える要因を大まかに見てきました。この章では、そのうち最も大きなふたつの要因、構音と音韻について見ていきます。

　音を作る器官を構音器官といい、構音器官を動かして音を作ることを構音といいます。構音指導では、誰にでも聞き取れる構音のしかたを教えます。音韻は単語を構成する音のことで、音韻論は、音がどのように組み合わされて単語が作られるのか、また、子どもがその音をどのように習得していくのかについて研究する分野です。構音指導では口の動きを重視するのに対し、音韻指導では誤りのパターンを重視します。

ダウン症の子どもの構音

　構音は話したことが聞き手に理解してもらえるかどうかにかかわる重大な問題です。それにもかかわらず、ダウン症の子どもの構音に関する研究はほとんど行われてきませんでした。数少ない研究で明らかにされたことを紹介します。

- 高い確率で構音に問題がある：ダウン症の子どものおよそ95％が構音に問題を持っています（Dodd [1970]）。
- 母音にくらべて子音の誤りが多い：思春期のダウン症の人は、ダウン症以外の原因で発達に遅れを持つ人に比べて、子音の構音の誤りが多くみられます（Rosinほか [1988]）。
- 一般に習得が遅い音に誤りが多い（Borsal [1996]）：後述の発達標準の項（→112p）で、それぞれの音が構音できるようになる年齢を確認してください。
- 誤りに一貫性がないことが多い：ある単語の中では正しく構音できる音が、ほかの単語ではうまく構音できない、ということがしばしば起こります。
- 単語が長ければ長いほど構音の誤りが増える
- 単語よりも会話において構音の誤りが多い（Kumin [2002]、Kuminほか [2000]、Stoel-Gammon [1980]）

構音の問題の原因

　ダウン症の子どもの構音の問題は、複数の原因によって起こることが多く、第8章で述べた明瞭度にかかわる要因と同じものがたくさんあります。乳児期にあまり音遊びをしないことも、構音に影響します。

● 乳児期の音遊び

　子どもは、クーイングや喃語などの音遊びをすることで、自然とことばを話す練習をしています。音遊びは、はじめのうちは反射的ですが、次第にまわりから聞こえてくる音を模倣するようになります。生後6か月以内に始まり、1歳くらいまで続きます。これによって口の中の動きを感じ取ることができるようになっていきます。繰り返し口を動かすうちに、意識しなくても、構音器官を動かせるようになります。

　ダウン症の子どもはこの時期に心臓病などの手術を受けなくてはならないことが多く、音遊びの経験が少なくなります。経管栄養を続けていると、食べたり飲んだりして口を動かす機会が減ります。口の中の感覚が過敏または鈍感だったり、聴力の低下や滲出性中耳炎がある場合にも口を動かす機会が少なくなります。子どもは自分の出した音（喃語）を聞くのが楽しくて、繰り返し声を出しますが、聞こえに問題があるとあまり声を出さなくなってしまうのです。

「音」と「音の誤り」

　構音の問題点を理解するために、専門家がどのように音を表記するのかについて知っておきましょう。言語に使われる個々の音を音素と呼びます。音素は、音声記号を使い、スラッシュ（/ /）ではさんで表記します。例えば、/p/、/b/、/k/、/l/はそれぞれ音素を表しています。音声記号には、アルファベットと同じものと違うもの（/ ʃ /など）とがあります。構音検査の報告書に、わからない音声記号が使われていたら、言語療法士にどんな音を表すのか聞いてください。以下に、構音の分析方法を3つ紹介します。

● 音を個別に分析する方法

　子どもが話すのを聴いて、それぞれの音が、語頭、語中、語尾で、どのように構音されるかを評価して分析します。構音の誤りは、次のように分類されます[*1]。

- 省略
- 置換：自分が話す言語にある、他の音に入れ替わる
- 歪み：自分が話す言語にはない音と入れ替わる
- 付加

　言語療法士は構音の誤りを見つけて練習すべき音を選びます。構音指導について詳しくは第13章を参照してください（→152p～）。

● 弁別素性による分析

　言語療法士は音を個別に分析する方法よりも、誤りのパターン、つまり、子どもが誤る音の共通点を探す方法をよく使います。子どもの構音した音を、構音点、構音方法、声帯振動の有無の3つの弁別素性で分類し、分析します。弁別素性とは、音を区別するための特徴のことです。それぞれの音は、いくつかの弁別素性の組み合わせだと考えることができます*2。

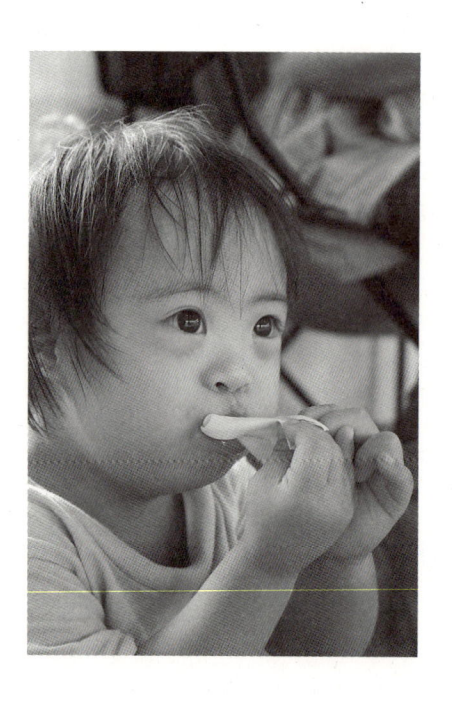

構音点

　音は構音する位置で区別され、構音に使う構音器官が、その音の名前に使われます。
- 両唇音：上下唇で作られる
- 歯茎音：舌尖または舌端と歯茎で作られる
- 硬口蓋音：舌と硬口蓋で作られる音
- 軟口蓋音：舌と軟口蓋で作られる音

---

*1　構音の誤り
日本語の例として以下のようなものがあります。
省略…「いぬ」を/イウ/
置換…「クッキー」を/ツッチー/
歪み…日本語で表せない音になる、ちょっとした音のずれ
付加…「ガス」を/ガウス/

*2　弁別素性による分析
弁別素性による日本語の音の分類については表1を参照してください（→111p）。

・声門音：声帯の周辺で作られる音
・唇歯音：下唇と上前歯で作られる音*3
・歯間音：舌を上下前歯の間にはさんで作られる音*3

　構音点を分析すると、「同じ構音点の音で誤りがみられる」などの、誤りの共通点をみつけることができます。

構音方法

　構音方法とは、構音する時の呼気の流れ方を変える方法で、次のような種類があります。
・閉鎖音（または破裂音）：呼気の流れを完全に止めて、それを一気に吐き出して作る音
・摩擦音：構音器官で狭いすき間を作って、その間に呼気を通して作る音
・破擦音：閉鎖と摩擦が組み合わされた音
・鼻音：呼気を鼻腔に送って作られる音
・接近音：構音されるとすぐに次の母音に移行してしまう音
・弾き音：舌尖で上顎を軽く弾き、一瞬だけ閉鎖して作られる音*4
・側音：呼気が口腔の両側を通る音*5
・ロウティック音：英語の/r/のような音で、呼気の流れは複雑*5

　構音方法による分析も、構音の誤りの共通点を見つけるのに有効です。「呼気の流れを止めて一気に吐き出すことができない」とか、「狭いすき間を作るのが苦手だ」という特徴がわかれば、同じ構音方法の音に

*3　唇歯音・歯間音
日本語にはありません。

*4　弾き音
英語にはなく、日本語にはあります。

*5　側音・ロウティック音
日本語にはありません。

誤りが見られた場合、そのうちのひとつの音の構音方法を正しく直すことで、ほかの音も改善される可能性があります。

声帯振動の有無（有声音か無声音か）

声帯振動を伴う音か、伴わない音かで分類します。有声音では、のどぼとけの付近を指でふれると振動を感じますが、無声音では感じられません。母音はすべて有声音ですが、子音は有声音と無声音とに分けられます。有声音をひとつマスターすれば、ほかの音も有声にできるようになるでしょう。

● 発達標準を用いた分析

標準値と比較する構音の分析方法があります。これは、子どもがまだうまく構音できない音を調べて、標準値（75～90％の子どもが構音できるようになる年齢を標準値とする場合が多い）と比較する方法です。語頭や語尾など、語の中の位置別に示される標準値もあります。

発達標準のもととなるデータをとった子どもたちは、ダウン症の子どもと違い、聴力や口腔周辺の筋力低下がないので、発達標準がダウン症の子どもの構音の発達の目安として適切であるとはいえません。しかし、発達標準を引き合いに出して、「まだこの年齢なら構音できなくて当たり前です」と言語療法を断られることがあるので、知っておいてください。

ダウン症の子どもが構音できるようになる年齢は標準値より遅れますが、順番は同じなので、どの音が早く言えるようになるか、どの音は遅いかという参考にすることはできます*6。

---

*6　構音の発達標準
日本語の構音の発達標準については表2を参照してください（→112p）。

翻訳者Column
日本語の構音

日本語と英語には共通する音もたくさんありますが、違う音もあるので、日本語の音について説明します。

日本語の弁別素性（表1）

構音点
英語の構音点とほとんど同じですが、日本語には唇歯音や歯間音はありません。

構音方法
日本語には、「弾き音」があります。弾き音とは、舌尖で上顎を軽く弾き、一瞬だけ閉鎖して作られる音です。側音とロウティック音は日本語にはありません。

声帯振動の有無（有声音か無声音か）
日本語でも、母音はすべて有声音で、子音は有声音と無声音に分類されます。カ行、サ行、タ行、ハ行、パ行は無声音で、それ以外は有声音です。

表 1　弁別素性による音の分類（拗音は除く）

	両唇音		歯茎音		歯茎硬口蓋音		硬口蓋音		軟口蓋音		声門音
	無声	有声	無声	有声	無声	有声	無声	有声	無声	有声	無声
閉鎖音	パ行	バ行	タ、テ、ト	ダ、デ、ド					カ行	ガ行	
摩擦音	フ		サ、ス、セ、ソ	ザ、ゼ、ゾ	シ		ヒ				ハ、ヘ、ホ
破擦音			ツ	ズ（ヅ）	チ	ジ（ヂ）					
鼻音		マ行		ナ行							
弾き音				ラ行							
接近音		ワ						ヤ行			

50音表の注意点
カ行、ラ行など、同じ子音を同じ「行」にまとめたものが50音表ですが、例外があります。例外の音は、同じ行の音とは違う子音ですから、練習方法も、構音できるようになる時期も違うので、注意が必要です。

・サ行：/シ/
・ザ行：/ジ/
・タ行：/チ//ツ/
・ダ行：/ヂ//ヅ/（/ジ//ズ/と同じ音）
・ハ行：/ヒ//フ/
・「ハ行」「バ行」「パ行」：他は「カ行」と「ガ行」のように、同じ構音点、構音方法の無声音に濁点をつけると有声音になるという対応関係がありますが、「ハ行」「バ行」「パ行」は無声音「パ行」と有声音「バ行」が対応関係にあって、「ハ行」は全く違う音です。

発達標準

表2は、日本語で90％以上の子どもが正しく構音できるようになる時期を音別に表にしたものです。同じ音でも年齢に幅があるのは、研究によって差があるためです。どの音が早く構音できるようになり、どの音が遅くまで構音できない難しい音なのかをみる上で参考にしてください。

表 2 構音の完成時期（拗音は除く）

3歳0か月～ 3歳5か月	3歳6か月～ 3歳11か月	4歳0か月～ 4歳5か月	4歳6か月～ 4歳11か月	5歳0か月～ 5歳5か月	5歳6か月～ 5歳11か月	6歳5か月～
ガ行、ジ、タ行（ツ以外）、バ行、マ行、ヤ行						
	カ行、ナ行、ハ行					
	ダ行、ワ					
		バ行				
				サ行		
					ザ行（ジ以外）	
					ツ	

（中西靖子．構音検査とその結果に関する考察．東京学芸大学特殊教育研究報告．1（16），1972．一部改変．）

構音の記録用紙（表3）

どの音をいつ出せるようになったか記録しておきましょう。喃語や音遊びの中で初めて出た時と、話しことばの中で初めて出た時とに分けて記入します。自分が書きやすいように工夫してください。

表 3 構音の記録用紙

音	喃語、音遊びで出た日	話しことばの中で出た日
カ行	例）か、か、か、、、（2008/6/5）	例）かーたん（2009/5/10）
ガ行	例）がんがんがん、、、（2008/6/9）	例）ごみ（2009/7/5）
サ行		
ザ行		
タ行		
ダ行		
ナ行		
ハ行		
パ行		
バ行		
マ行		
ヤ行		
ラ行		
ワ		

構音指導

● 構音に対する家庭での取り組み

言語療法で構音に取り組み始めるのは、標準に比べて遅れが明らかになってからなので、6歳を過ぎます。それ以前から家庭でできることがありますので、紹介します。

音の違いへの意識を高める

子どもには、小さいうちからいろいろな音を聞かせましょう。まわりには、飛行機、電車、工事の機械、芝刈り機、鳥の鳴き声など、たくさんの音があふれています。もちろん人の話し声も聞かせます。第4章の「いっしょにやってみよう」を参照してください（→42p〜）。

音声模倣が出てきたら、話しことばの音に注意を向けさせましょう。各週ごとに特定の音を決めて、注目させるのも、意識を高める方法のひとつです。例えば、カキクケコのつく音に注意を向けさせてみましょう。はじめの2日間は、お母さんのほうから教えます。その後は合図を決めて、カキクケコが出てくるたびに、子どもが教えるようにします。

特定の音が繰り返し出てくる本を読みましょう。子どもは最初のうちは静かに聞いていますが、本の内容がわかってくると、次第に音に興味を示すようになっていきます。音を強調して読んでみましょう*7。

🐰🗻 いっしょにやってみよう

構音指導では唇の動きを重視します。危険を伴うことは避け、ガムを飲み込んでしまう恐れがある場合は使わないでください。家族と一緒に、楽しく練習しましょう。

★ 氷を軽く唇にあててから、チュッと音をたてましょう。お母さんが見本を見せてあげます。
★ アイスキャンディをくわえます。鏡で唇に色がついているか確認します。
★ リップクリームをぬって、チュッと音をたてて、唇がくっついているのを感じましょう。
★ 唇をぎゅっと閉じて、そのまま左右に動かします。リップクリームや氷で唇への意識を高めてから行ってもよいでしょう。

- ★ 口紅をぬり、紙にキスマークをつけましょう。
- ★ 食べ物を唇でしっかりくわえて、5秒数えて離します。
- ★ いろいろな大きさのマウスピースの笛やハーモニカを吹いてみましょう。
- ★ 唇でポンポンと音をたててみましょう。
- ★ シャボン玉を吹いてみましょう。
- ★ 投げキッスのまねをしましょう。
- ★ 風船ガムをふくらませてみましょう。
- ★ 素早く口を閉じたり開けたりして、「ンーッパ」と音をたてて遊びましょう。

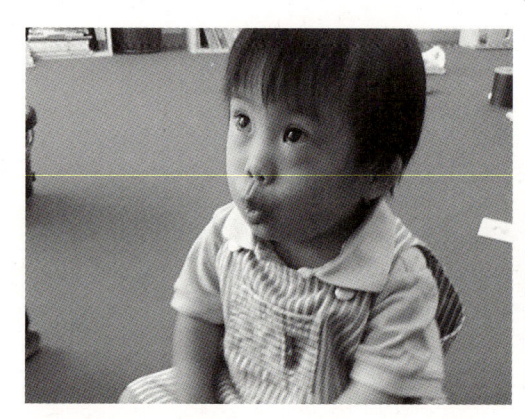

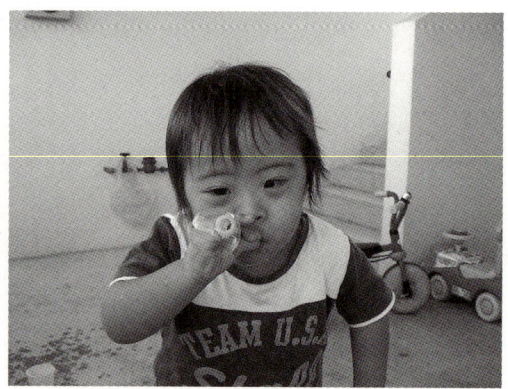

歌や遊びの中で練習する

　おとなのまねをして、すぐに新しい音を出せるようになる子どももいますが、音をひとつずつ練習する必要がある子どももいます。音が出せるようになったら、歌やゲームや手遊びをしましょう。遊びながら自然に構音できるようになっていきます。

本を読み聞かせながら練習する

　本を読みながら、注意を向けさせたい音を伸ばしたり、大きな声で言って、子どもにまねをさせます。正確に構音できるようになるまでは、無理に修正しないでください。構音を修正してよい時期については、言

＊7　特定の音が繰り返し出てくる本
例えば『がたん ごとん がたん ごとん』安西水丸作（福音館書店・1987）では、「がたんごとん」が繰り返し出てきます。

語療法士に尋ねてください。正しく音が出せるようになったら、大きな声で本を読ませます。本の内容についてやりとりをすれば、会話での構音練習になります。

　どの本を選ぶかは、お母さんが読んで判断します。図書館や書店に行ったら、練習したい音が繰り返し出てくる本があるかどうか、係の人に聞いてみてください。本を自分で作ることもできます。フライパンでポップコーンを作り、とうもろこしがポンポンはじける音を聴きましょう。それを写真に撮って、文章を入れれば、「ぽんぽんポップコーン」という本のできあがりです。

● 構音の練習を行うのに適切な時期

　今までに紹介した練習を、いつ行うのが一番効果的なのでしょうか。ダウン症の子どもの構音の発達には個人差が大きく、3歳でやっと喃語が出始める子どももいれば、同じ年齢ですでに短い句や文を話す子どももいます。ですから、子どもの様子をみて練習をやってみてください。難しいようであれば、言語療法士に相談して、基礎となる練習を教えてもらってください。そして、数か月たったら、またやってみましょう。

　構音の誤りは、いつごろから直し始めればよいのでしょうか。まず日常生活とは切り離して構音の練習を行います。日常の会話では、話の内容に注意が集中しているので、構音にまで気を回すことができません。

　練習でほぼ間違いなく言えるようになったら、会話の中でも直してみてください。むやみに人前で注意したり、構音に気をとられて、子どものコミュニケーション意欲を損なわないように気をつけてください。

音　韻

　音韻と構音とは密接な関係にあります。この二つは区別がつきにくいので、はじめに簡単な定義を説明します。

・構音とは、音を作り出す作業のことです。私たちは、構音器官が正しく動き、構音できているかどうかをみます。
・音韻とは、特定の言語（例えば英語やスペイン語）に含まれている音のことです。ある言語にはどんな音が、どのように使われているかを考えます。

● 音韻と音韻プロセス

　子どもがその言語の音韻体系を身につける時は、決まった法則に従って身につけていきます。その過程を分析すると、誤り方まで規則的だということがわかります。子どもは、難しすぎて構音できない音があると、簡単にしようとします。音を簡単にしたり、置き換えたりして起こる音の誤りを音韻プロセスといいます。

音韻プロセスの分析

音韻プロセスの分析とは、音の誤りや、音の置き換えのパターンを分析することです。ある単語の中ではうまく構音できる音が、別の単語の中ではできなかったり、子どもが決まったパターンで、自分が言いやすいように言い換えているときに行います。音韻プロセスは、構音や構音器官の運動の問題ではなく、子どもが自分なりのルールやパターンを作って、それに従って構音することで起こります。

音韻プロセスとダウン症の子ども

音韻プロセスは、ことばの獲得の過程でどの子どもにもみられる現象ですが、ダウン症の子どもの場合はその期間が長くなる傾向があります。ある研究によると、ダウン症の子どもと、発達に遅れのない子どもが使う音韻プロセスの数と種類に、18か月から2歳では違いがありませんでしたが、4歳では差がみられました（Smithほか［1983］）。ほかの研究者は、ダウン症の子どもは、長く複雑なことを話すとき、音韻プロセスが増えると報告しています（Sommersほか［1988］）。

● 音韻プロセスのタイプ

ダウン症の子どもによくみられる音韻プロセスをいくつか紹介します[*8]。
- 閉鎖音化：摩擦音や破擦音（/s/、/f/など）を閉鎖音（/b/、/d/、/t/など）に置き換えてしまうことです。幼児期のダウン症の子どもに多くみられる音韻プロセスです（Bleileほか［1984］）。
- 前方化：口の中央や後方で構音されるべき音が、前方で構音されることです。
- 後方化：口の中央や前方で構音されるべき音が、後方で構音されることです。
- 強勢のない音の省略：複数音の単語の中で、強勢（アクセント）の置かれていない音を省略してしまうことです。このように子どもは、単語を自分が言いやすいように短くします。
- 語末子音の省略：単語の最後の子音を省略してしまうことです。

● 音韻意識

音韻の領域で、音韻プロセス以外に多くのダウン症の子どもに遅れがみられるのが、音韻意識（音韻認識）です。音韻意識とは、音韻を意識して操作する力です。音韻意識によってできることには、次のようなものが含まれます。

> ＊8　音韻プロセスのタイプ
> ここで紹介されているのは英語に多い音韻プロセスです。日本語に多いものについては117ページのコラムを参照してください。

・単語を音に分解する
・音を単語に結びつける
・語頭音を意識する
・韻を踏む

　音韻意識は読みの発達に関連があります。問題集や教材もたくさん売られていますが、幼稚園児から小学生を対象とした少し難しい内容になっていますので、前述の「音の違いへの意識を高める」で紹介した練習をやってみてください。音をひとつかふたつ選んで、その音が出てくる本を読み、その音が出てきたら止まって、手をたたき、その音を表す文字を書いたカードを挙げます。慣れてきたら、子どもにも手をたたかせたり、カードを挙げさせましょう。

> **翻訳者Column**
> ## 日本語の音韻プロセスと音韻意識
>
> ### 音韻プロセス
> 　英語と日本語では、よく起こる音韻プロセスには違いがあります。日本語に見られる音韻プロセスをいくつか紹介します。
> ・音の省略：「バス」を/バ/
> ・子音の省略：「ねこ」を/ネオ/
> ・閉鎖音化：「さかな」を/タカナ/
> ・破擦音化：「さかな」を/チャカナ/
> ・前方化：「ねこ」を/ネト/
> ・後方化：「たいこ」を/カイコ/
> ・口蓋音化：「さかな」を/シャカナ/
> ・同化：「ジュース」を/ジュージュ/
> ・音位転換：「エレベーター」を/エベレーター/
> ・その他：ダ行とラ行の混同（構音点、構音方法が似ている）、清音と濁音の混同
>
> ### 音韻意識
> 　日本語では、ひらがな文字ひとつにひとつの音韻が当てられており、英語に比べると簡単な構造なのですが、促音「っ」、撥音「ん」、長音、拗音など、例外的なルールを持つものがあります。単語を音に分解したり、音を単語に結びつけたりする練習には注意が必要です（詳細は第14章を参照してください→160p～）。

🐟 いっしょにやってみよう

音韻意識に対して

　単語に含まれている音を意識すること、つまり「たまご」が/タ//マ//ゴ/の3音でできていることを意識することが、かなの習得に必要です。「『あ』で始まるもの何だ？」「『くるま』から『る』を取ったら何になる？」という遊びは、音韻意識を高めます。また、しりとりは、語頭音、語尾音を意識させることができる、よい遊びです。

音や子音の省略に対して

　「単語の完成ゲーム」と「絵合わせ」は、著者が紹介する英語のゲームを訳者が日本語に対応するようにアレンジしたものです。

・単語の完成ゲーム

「いぬ」「いす」「いか」など、1文字違う物の絵を見せながら、「い」と言います。子どもは「いぬ」と、大きな声で残りの音をつけ足して、単語を完成させます。

・絵合わせ

　ババ抜きを応用したゲームです。

①「かめ」「かさ」「かお」「かに」「かみ」「かぎ」など、1文字違いの絵をコピーして台紙に貼り、同じカードを2枚ずつ作ります。

②参加者に同じ枚数のカードを配ります。残りのカードは中央に裏返して山にします。

③順番がきたら、誰かを指名して、自分の持っているカードがペアになるように、「『かめ』のカードを持っていますか？」と聞きます。その人が持っていたら受け取って、できたペアを見せます。続けてほかの人にカードを要求できます。指名した相手が要求したカードを持っていなければ、山から1枚取って次の人に順番が移ります。1番たくさんペアを集めた人が勝ちです。

　正しく言わないと、自分のほしいカードをもらうことができません。聴く練習にも、はっきり言う練習にもなります。

・太鼓やペーシングボードを使って音の数を意識させる

「た、ま、ご、や、き」と、音ごとに言いながら太鼓をたたいたり、ペーシングボードの印を押さえたりします。また、節をつけて「歌う」ように言ってもよいでしょう。いつもは省略する音を、少し強調するようにします。意識しにくい、長音や促音を意識させることもできます。

前方化と後方化に対して

　口の前方で作られる音（例えば/ダ/や/タ/）と、口の後方で作られる音（/カ/や/ガ/）とがあることを話します。前方音は鏡を使って舌の前方や唇が動いているのを見ながら、後方音はのどをさわって奥のほうから音が出ていることを感じさせながら練習します。唇と舌とのどが見える手作りの人形を使って、どこが動いているかを子どもに見せるとわかりやすくなります。

MEMO

第10章

語用論
―生きたコミュニケーション―

　英語で「語用論」を表すpragmaticsが、「実用的な」を表すpragmaticからきていることでもわかるように、語用論とは、実際のことばの使い方に関すること、つまりことばの社会的な側面や、ことばの相互作用に関する分野のことです。その中にはアイコンタクトや、感情を表情に表すことも含まれ、ことばを話し始める前から備わっているものもあります。話しことばが増えてくると、さらに話題をそらさず話すことなどが求められます。

語用論とダウン症の子ども

　ダウン症の子どもは社交的です。ことばを話し始める前でも、指さしや表情、ジェスチャーやサインを適切に使い、相手とコミュニケーションをはかることができます。言語を使わずにコミュニケーションできることは強みでもあります。

　発達に遅れのない子どもは、大人や年上の子どもを観察し、試行錯誤を繰り返して、ことばをどう使えばよいのかについて学んでいきます。ダウン症の子どもには観察するポイントを意識的に気づかせる必要があります。

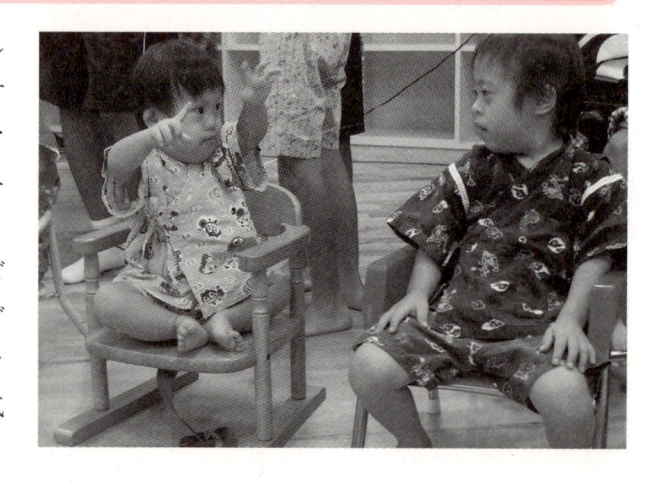

身振り

　身振りとは、コミュニケーションにジェスチャーを使うことです。指を振って怒っていることを示したり、どうしようもない時に肩をすくめたりすると、自分の気持ちを強く表現できます。また、運動場の向こう側から手を振ったり、口に食べ物が入っている時に「もっとほしい？」と聞かれてうなずけば、ことばの代用にもなります。周囲の人たちのまねをして、その文化特有のジェスチャーを学びます。ダウン症の子どもは

家庭や地域社会の中で練習を重ねて、ジェスチャーを使えるようになります。

　3歳までに指さしやジェスチャーをするようにならない場合は、ダウン症以外の原因を疑ってください。ダウン症と自閉症が合併している子どもには、指さしやジェスチャーがみられないことがあります。また、ジェスチャーを使っていたのに、成長して、ジェスチャー、特に指さしをしなくなることもあります。

いっしょにやってみよう

★ 「私に見せて」ゲーム
　質問に対し、ジェスチャーだけで答えさせます。例えば、「トラックはどこ？」「いま、あの店に行きたい？」などの質問をします。子どもが質問できる年齢であれば、質問する人と答える人を交替します。

★ 「はい・いいえ・わからない」ゲーム
　はい、いいえだけで答えられる質問をします。質問された人は、首を縦に振るか横に振るかだけで答えます。わからない場合は首をひねって「わからない」と表情で答えます。きょうだいや友だちにも参加してもらって、楽しく質問し合いましょう。例えば、「あなたはバナナ？」「あなたは女の子？」「あなたはアリより小さい？」「あなたは象より大きい？」などです。

★ 「どこにあるかな？」ゲーム
　家庭用品を使います。「電話はどこ？」と聞き、指さしで答えさせます。少し年長であれば、絵カードを使ってみましょう。「青いクッションはどこ？」「食器洗い機はどこ？」のように尋ねます。最初は、人差し指の代わりに、手全体、または親指や中指を使ってもかまいません。

★ 「船長さんの命令」ジェスチャーゲーム
　「船長さんの命令！」と言い、ジェスチャーをまねさせます。

ダウン症と自閉症スペクトラム障害の合併

　ことばで話し始めるのが遅く、ジェスチャーもしない場合、ダウン症以外の要因がないか、検討する必要があります。集団の中でひとり遊びが多く、周囲の子どもたちに関心のない場合や、ジェスチャーやサイン、話しことばが消えていく場合は、ダウン症以外の原因がないかどうか考えてみてください。ダウン症の子どもの

場合、発達の退行はあまり見られないからです。

　医師や心理士は、てんかん、愛着形成不全（特に養子の場合）、自閉症スペクトラム障害（自閉症や広汎性発達障害を含む）の可能性を考えるでしょう。ダウン症の子どもの5～8％が、自閉症スペクトラム障害を合併しているとの推計もあります。

　自閉症の子どもは、コミュニケーションの欲求が少なく、言いたいことをことばで伝えることが苦手です。言われたことをそのまま繰り返し、「あなたの名前は？」と聞くと、「名前」と答えます。また、ジェスチャーや指さしをあまり使いません。まるで人の言うことが聞こえていないように見えるのに、周囲の音がうるさいといやがります。店での買い物も、たくさんの人がいて蛍光灯が輝き、さまざまな音がするので、非常にいやがります。また、前後に体をゆらしたり、くるくる回ったりします。偏食が強く、1～2種類の物しか食べられない時期があったり、特定の洋服や毛布、おもちゃの手ざわりをきらったりします。何かをいやがっていても、理由がわからず、周囲が困ることがあります。自閉症の子どもたちは、感覚的な刺激をうまく処理できないのです。

　ただし、ことばに遅れがあるからといって、必ずしも自閉症であるとは限りません。ことばの表出の遅れは、自閉症を合併していないダウン症の子どもにもみられます。周囲との関係を持ちたがり、目を合わせてやりとりをしているのであれば、自閉症ではないでしょう。

　自閉症との合併が疑わしければ、かかりつけの小児科医に専門医を紹介してもらいましょう。自閉症スペクトラム障害と診断されたら、ことばを教えることにとどまらず、コミュニケーションとは何なのかについて教えていかなくてはなりません。拡大・代替コミュニケーション（AAC）の導入も考えます。絵カード交換式コミュニケーション・システム（PECS）は、自発的なコミュニケーションを教えるのに有効な手段のひとつです。AACやPECSについてのより詳しい情報は、第11章を参照してください（→128p～）。

相手との距離のとり方

　人との距離のとり方、身体にふれてよいかどうかは、文化や地域によって異なります。ある文化では、男の人が女の人にキスやハグをし、手をつなぎ腕を組んで歩きますが、それが非常識とみられる場所もあります。親戚の中でも習慣が違うことがあり、ダウン症の子どもは混乱してしまいます。お母さんの家族はあいさつの際にハグやキスをするのに、お父さんの家族は、少し離れた所から「さようなら」と手を振るだけ、ということもあります。

　人との距離のとり方に正解や間違いはありません。その場にふさわしいかどうかが重要です。発達に遅れのない子どもは、周囲の人たちを見て学んでいきますが、ダウン症の子どもには、積極的に教える必要があります。

　たくさん経験をさせて、適切な距離を保つことが必要だと気づかせましょう。例えば、「ギニーはお友だ

ちだから『こんにちは！』とあいさつしてハグしていいのよ」「会社に行った時は、ジョーンと握手して『お会いできてうれしいです』と言うのよ」と説明するのです。

　小さいうちから、大人になった時のことを考えながら教えてください。4歳の子どもが近づいてきてハグをしたら、見ず知らずの人でもかわいいと感じることでしょう。しかし、10代の少年だったらどうでしょうか。知らない人、友だち、親友の区別を教えて、相手に受け入れられる行動を教えます。インクルーシブ教育*1ならば、適切な行動を学ぶ機会が多くなるでしょう。

いっしょにやってみよう

- ★ ロールプレイや生活の中で体験して覚えさせます。ファストフード店に行くという設定で、店員さんの帽子やメニューを用意します。いろいろな場面を実際に演じてみましょう。順番に並んで待って、店員さんとお客さんの会話をします。また、これから会う人とのあいさつを、前もって練習しましょう。写真を貼った人形を用意してください。
- ★ 屋外や体育館で、地面にチョークで円を描き、適切な距離について教えましょう。例えば相手がきょうだいの場合、小さな円を描き、二人は円の反対側の縁に立ちます。また、もう少し大きな円を描いて、校長先生と話す時はどのくらい離れるのか教えます。

伝達意図

　伝達意図とは、話し手が伝えようとする話の内容です。子どもが伝えたかった内容と、聞き手が受け取った内容とが一致すれば、意図はうまく伝わったのです。例えば、子どもが「ライオン、ない」と言い、お母さんが「もうライオンキング見終わったの？　ほかのビデオを借りに行く？」と答えたとします。子どもがほかのビデオを借りに行きたかったのであれば、意図はお母さんにうまく伝わったのです。しかし、画面に

---

*1　インクルーシブ教育
すべての子どもが原則として同じクラスに在籍しながら、個々の子どもが必要な支援を受けられる教育システムです。アメリカの個別障害者教育法（IDEA）には、できるだけ発達に遅れのない子どもと共に教育を受ける機会を持つべきであるという原則があり、支援を必要とする子どもの多くが通常学級に在籍しています。

第10章　語用論—生きたコミュニケーション—

いっしょにやってみよう

★ ことばが話せる子どもには、ことばで伝えてきた時でも、動作や視線で訴えてきた時でも、意図を汲んで語りかけましょう。例えば、「アイスクリーム屋さんのトラックがきたね。さあ、どうしようか？」と聞きます。反応がなければ、「アイスクリームが食べたいの？」と聞き直します。または、「あの歌が好きみたいだね。終わっちゃったけどどうする？」と言います。答えなければ、「もう一回聴きたい？」と聞き直します。

★ まだことばが出ていなければ、子どものしたいことをことばで表してあげます。「アイスクリーム屋さんのトラックだね。アイスクリームが食べたい？」と話します。

★ ペットを飼っていたら、ペットがしたがっていることについて話し合ってみましょう。猫が鳴いたら「何て言ってるかな？ お外に行きたいのかな？」と話してみます。

ライオンが出てこないので、もう一度ビデオを再生してほしいと伝えたかったのだとしたら、うまく伝わっていません。相手にわかってほしいことは、ことばを使わなくても伝わります。コートを着れば、外に行きたいという気持ちを表すことができます。

　赤ちゃんの時に、コミュニケーションは自分の欲求を満たしてくれることを気づかせてあげてください。もう少し大きくなったら、「どうやって」伝えるかを教えます。

アイコンタクト

　アイコンタクトはコミュニケーションする時に大切な役割を担っています。ダウン症の子どもは、下を向いたり相手を見なかったりするので、相手の顔を見ることを教えないと、無愛想だとか、やる気がない子どもだと思われてしまいます。

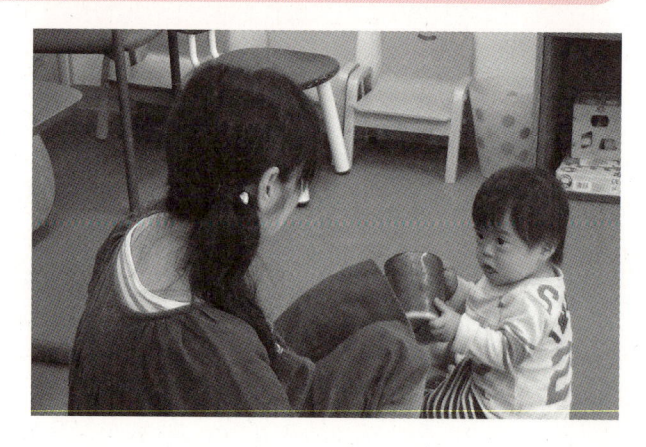

いっしょにやってみよう

★ 「私の目を見て」ゲームをしましょう。子どもがあなたの目を見るたびに、秘密の合図やウィンクをします。

★ 額にシールを貼って、子どもに何のシールかあててもらいましょう。子どもは目を見て答えます。予想外の時に貼って驚かせたり、シールを探す遊びと組み合わせたりして、ゲーム感覚で楽しくやってください。

★ メガネを作ります。買ってきたおもちゃのメガネでもかまいません。これは「私の目を見て」メガネです。できるだけ派手でおもしろいものがよいでしょう。このメガネをかけている時は、相手の目を見なくてはいけません。メガネをいくつか用意して、きょうだいや友だちにも一緒にやってもらいましょう。初めは毎日5分間程度で、慣れてきたら少しずつ時間を延ばします。

表情

　表情は、たくさんのメッセージを伝えます。研究者によると、人の発信するメッセージの38％が、表情を通じて伝えられるそうです。うれしそうな表情で「キャンプが好き」と言えば、本当に行きたがっているんだなと思えますが、悲しそうな表情や怒った声で「キャンプが好き」と言ったらどうでしょうか。聞き手は、ことばの内容と表情が一致しない場合、表情から受ける印象を優先させるという研究結果が出ています。

　ダウン症の子どもは、人の感情を読み取るのが得意です。お母さんが悲しんでいたら、すぐにわかります。しかし、きょうだいとふざけているところに、もう寝る時間だからと止めに入っても、なかなかやめようとせず、お母さんの微妙な、困った表情を見逃してしまうこともあります。その時は、「お母さんは困ってるのよ。いつまでも、ふざけていないの。寝る時間よ。お母さんのほうを見て」と、顔を見るよう

に言います。繰り返しているうちに、表情を見るようになり、ふざけなくなるでしょう。

　言いたいことをはっきりと伝えるために、気持ちを表情に表さなくてはなりません。これは実生活で経験を積んで学ぶのが一番です。

いっしょにやってみよう

★ 生活の中で、表情に気づかせましょう。「自転車を買ってもらってよかったね。うれしそうな顔をしてるよ」とか、「あの子は悲しそうな顔ね。犬が病気になったからかな」と話しかけてみましょう。

★ いろいろな表情が描かれているマンガを使って、どんな時にうれしいのか、悲しくなるのか、怒るのか、一緒に考えてみましょう。いろいろな表情のシールセットや絵や写真を使うこともできます。

★ 鏡を見ながら、いろいろな表情をして、どんな気持ちの時の顔か子どもにきいてみましょう。

要　求

　要求に応じてもらえると、子どもはまわりの人は自分のしてほしいことをかなえてくれると信頼するようになります。はじめは、手足をばたばたさせて叫んだり、物をじっと見つめたりして、ほしいものを伝えます。成長するにつれてほしいものを指さし、振り返って相手を見て、大きな声で要求するようになります。ダウン症の子どもでは、赤ちゃんの時から要求が少ないことが、後の言語表出に関係しているという研究があります。

　子どもが要求したら、それをことばで表してあげましょう。例えば、「チーズがほしいのね。わかった、もっとね」とか「アニメを見たいと上手に頼めたね。チャンネルを変えるね」と話しかけます。

要求を伝える方法は何通りもあります。最初の頃は、「やって」のような漠然としたものです。動詞を省略して、ほしいものの名前だけを言います。話しことばだけでなく、トータル・コミュニケーションを併用することもあります。例えば、「もっとジュース」は、コップをかかげるジェスチャーです。「ボールちょうだい」と言うようになったら模倣や拡充模倣（第6章参照、→72p）をさせて、さまざまな要求の伝え方を教えることができます。

いっしょにやってみよう

★ はっきりした要求は、パターン練習で教えましょう。
　親が最初に、「もっとチーズちょうだい」と見本を示します。それを、子どもがまねします。
親：「何がほしいの？」
子ども：「もっとチーズ」
親：「もっとチーズちょうだい（「ちょうだい」を強調して）。何がほしいの？」
子ども：「もっとチーズちょうだい」
　まだことばを話していなければ、サインや絵カード交換式コミュニケーション・システム（PECS）やコミュニケーションボードで教えることができます。

★ 決まり文句として教えましょう。子どもはその状況に合った場面で、ことばを自然に使うようになります。「○○をください」や「もっと○○ちょうだい」といった型をロールプレイで練習します。次にパン屋さんごっこをして、「クッキーがあるよ。クッキーが食べたいな。何て言えばいいのかな？」と言わせます。字が読めたら、カードに「クッキーをください」と書いてもよいでしょう。あるいは、「クッキー」と言って、その続きを言わせたり、わかりやすいように口を「ク」の形にして見せたりします。

★ ふたつきのプラスチックの入れ物におもちゃを入れます。ふたをとらずに入れ物を渡し、子どもに頼み方を教えます。サインでも絵でも、ことばでもかまいません。

第10章　語用論―生きたコミュニケーション―

第11章

話しことばを使わないコミュニケーション
―拡大・代替コミュニケーション―

　ダウン症の子どもにとって話しことばの習得はとても難しく、3～5歳より前に話せるようになる子どもは、ごく少数です。成人になっても、話しことばだけでは言いたいことが十分に伝えられない人もいます。しかし生後10～12か月くらいにはコミュニケーションの準備ができ、話しことば以外のコミュニケーション手段を使えば、言いたいことが伝えられる子どもがたくさんいます。話しことばには高度な神経や筋肉の働きが必要なため、さらに時間が必要なのです。

　言いたいことが伝わらないと、ストレスがたまります。それを防ぐには、子どもの年齢に関係なく、話しことば以外のコミュニケーション手段を持つ必要があります。そのような話しことばの代わりになる手段を、拡大・代替コミュニケーション（AAC）と言います。

何のためにAACを使うか

話しことばへの移行手段（移行期コミュニケーション・システム）

　話しことばを使えるようになるまでの橋渡しとして使います。12～18か月くらいになっても話しことばが出ないために、自分の言いたいことが伝えられなくてストレスを感じているような子どもに適しています。ほとんどのダウン症の子どもがこれにあてはまります。

話しことばの補助的手段（補助的コミュニケーション・システム）

　話しことばでは言えない部分を補うために使います。学童期や思春期の子どもが、言いたいことはたくさんあるのに明瞭度に問題があって、なかなか周囲に理解してもらえない場合にも、AACを使うことがあります。

話しことばの代替手段（代替コミュニケーション・システム）

　話しことばでは言いたいことが伝えられない場合、話しことばに代わるコミュニケーション手段としてAACが使われます。代替システムとしては小学校に上がった後で使われることが多いですが、場合によってはもっと小さい子どもにも用いられます。

AACが必要な子どもとは

　幼稚園に通う年齢になっても、話しことばやサインでうまくコミュニケーションできない場合、代替コミュニケーション・システムを導入しますが、思うようにコミュニケーションできず、ストレスがたまっている状態なら、もっと早く導入すべきです。自分に合ったコミュニケーション手段を持っていないと、コミュニケーションをはかるのをあきらめてしまうことがあります。それは絶対に起こってほしくありません。

　自閉症や発達性発語失行などの合併症がある場合は、もっと早い時期にAACの導入を考えるほうがよいでしょう。ダウン症に自閉症が合併している場合は、コミュニケーションの発達が遅れることが多く、話しことば以外のコミュニケーション手段を取り入れるべきです。発語失行がある場合も、話しことばだけでは理解してもらえないことが多いので、補助的あるいは代替コミュニケーション手段が必要です。

AACの種類

　第5章で紹介した移行期コミュニケーションに有効なAACは、もっと大きい子どもたちの補助的あるいは代替コミュニケーション手段としても使用できます。AACには次のような種類があります。

● ジェスチャー／サイン言語

　移行期コミュニケーションシステムとしてサイン言語を使っている子どもも、通常5歳までにはことばで話すようになりますが、その後も新しいことばや概念を覚える時にはサインが役立ちます。例えば、「中に」「間に」「〜を通って」などの位置関係を表すサインは、目で見てわかりやすいので、学習の助けとなります。

　発語失行がある場合も、言語療法で明瞭に話せるように練習している間、サインを使い続けてください。ダウン症と発語失行が合併し、移行期コミュニケーションとしてサイン言語を使っていた男の子の親が書いた手記を紹介します。

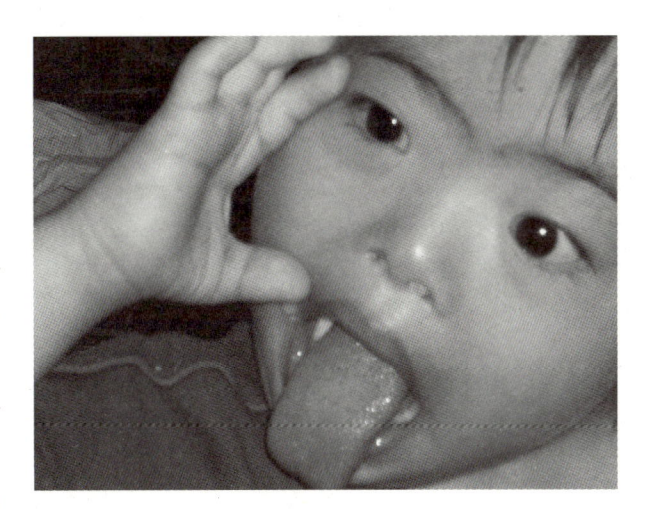

　ジョーダンは11か月になる前に、「もっと」や「おしまい」のサインができるようになると、その後すぐにたくさんのサインを覚えていきました。2歳半の時、最初のことば「りんご」を言いました。3歳でプレスクールに通い始めるまでに、100種類ものサインを使えるようになっていました。4歳でいくつかの子音や母音が出せるようになったので、家族は話せるようになる日も遠くないと思っていました。しかし、4歳半でジョーダンは発達性発語失行の

診断を受けました。なんということでしょう。ダウン症だけでなく、さらにことばの遅れる要因があるなんて。

しかし、それがジョーダンにとってターニングポイントとなりました。言語療法に発語失行のためのプログラムを取り入れてもらいました。ジョーダンは5歳までに、サインに合わせて声を出すようになり、5歳半になるといくつかの単語がきれいに言えるようになりました。機嫌のいいときは「ダーッ」と言い、不機嫌なときはぶつぶつ言うようになりました。話しことばへの移行が始まったのが6歳の時でした。そして次の6か月で、急激にサインではなく、話しことばを使うようになっていきました。ある朝、私たちが気分はどうかと尋ねると、ジョーダンは「元気」と答えました。成長が目に見えた瞬間でした。

● コミュニケーションボード

コミュニケーションボードは写真や絵、シンボル、文字、単語などをボードの上に貼ったコミュニケーション・システムです。ボードには紙や厚紙、発泡スチロール、フェルト、マグネットボードなどを使います。

ダウン症の子どもの場合、ことばが出る前の移行期コミュニケーション・システムとしてコミュニケーションボードを使います。また、補助的手段として使う場合もあります。子どもの話しことばが家族には理解できても、それ以外の人には聞き取りにくい時、家では話しことばを使って、学校ではコミュニケーションボードを使います。また、サインを知らない地域の人と接する時や、手指の動きがスムーズにいかないためサインが難しい場合も、コミュニケーションボードは役に立ちます。次のような使い方ができます。

・冷蔵庫にオレンジジュースやりんごジュース、牛乳のパックの写真を貼っておいて、子どもが飲みたいものを指させるようにします。
・家族の写真と「やってほしいこと」を表す絵（トイレなど）をビニール製のポケットに入れておいて、いつでも助けを呼べるようにします。
・年長の子どもや大人には、ファストフード店に行って自分で注文できるように、メニューの写真をラミネート加工したものをキーホルダーでまとめておきます。

コミュニケーションボードは子どもに合わせて工夫してください。絵は興味や語彙の変化に応じてこまめに取り替えてください。

市販の材料をうまく使えば、コミュニケーションボードを作ることができます。写真、絵、シンボルなども多様な色、形、大きさのものが売られています*1。ボードメーカー™というソフト（メイヤー・ジョンソン社）で作ったピクチャー・コミュニケーション・シンボル©（PCS）は、コミュニケーションボードを作るのによく使われています*2。

● コミュニケーションブック

コミュニケーションボードの代わりに、メモ帳やポケットサイズのノートに絵やシンボルを貼って使うこともあります。ページごとにカテゴリー分け（食べ物、おもちゃなど）することもできます。お財布のよう

なタイプやカードケースを使ったもの、小さいサイズのアルバム、プラスチックのカードをキーホルダーでとめたものなど、形はさまざまです。持ち運び用のコミュニケーションブックやカードは、ひもでベルト通しにつけたり、首からぶら下げて、なくさないようにします。ノートやアルバムなど大きなサイズのものは、持ち運びには向かないので、キッチンや寝室など、決まった場所に置いて使います。

● **絵カード交換式コミュニケーション・システム（PECS）**

　絵カード交換式コミュニケーション・システム（PECS）は、ボンディとフロストによって自閉症の子どものために開発されたコミュニケーション・システムです。写真や絵カードを相手と交換してコミュニケーションをはかります。これは、ダウン症と自閉症が合併している子どもに、とても有効なコミュニケーション・システムです*3。

　話者交替や要求などのしかたを学ぶことができます。また手指の動きがスムーズにいかないため、サイン言語を使うことができない子どもにも有効です。PECSには6つの段階があります。

①絵を相手に渡せば、自分からほしいものが要求できることを教えます。相手は、絵と交換にほしいものを子どもに渡します。最初は、使い方が理解できるように手をとって教えてください。

②使う絵（人、場所、子どもが要求するものなど）の種類を徐々に増やしていきます。

③複数の絵の中から1枚を選ぶことを教えます（ほしいものの中にきらいなものを混ぜてもよいでしょう）。

---

*1　市販の材料
子ども用に発売されているイラスト集が出版されています。
『こども年中行事カットCD-ROM』小林正樹著（マール社・2006）
『CD-ROM付 自由自在に使えるカット＆イラスト集』（成美堂出版・2006）
『CD-ROM 幼稚園・保育園すぐに使えるイラスト＆カット大全集』（成美堂出版・2007）

*2　PCS
株式会社アクセスインターナショナル（PCSを扱っている日本の会社）
http://www.accessint.co.jp/accessstore/
Mayer-Johnson（英語）
http://www.mayer-johnson.com/
その他のシンボルに関する情報ウェブサイト
ピクトグラム＆コミュニケーション
http://pic-com.jp/
ドロップレット プロジェクト
http://droplet.ddo.jp/

④絵を使って「プリンをちょうだい」といった簡単な文を作ることを教えます。色、大きさ、形、位置、温度などの性質を表すことばも入れていきます。
⑤「何がほしいの？」と聞かれたら、ほしいものの絵を出すように教えます。「ほしい」というカードと、ほしいものの絵カードを渡します。
⑥要求だけでなく、コミュニケーションを楽しむ目的で、いろいろな話をすることを教えます。犬がほしいわけでなくても、会話をするために「黒い犬がいる」を意味する絵を使います。

PECSを使うと話しことばが出なくなるのでは？と心配する親がいますが、かえって促すことが研究によってわかっています。PECSを使いながら、話しことばの見本を見せましょう。「りんご」と「〜ちょうだい」を表すシンボルのカードを子どもがお母さんに渡したら、お母さんは、「りんごを、ちょうだい」と大きな声で言ってから返事をします。

● ハイテクコミュニケーションエイド

ハイテクコミュニケーションエイドを使えば、音声、絵、文字を使ってコミュニケーションをはかることができます。コンピューターを内蔵した大きなものから、持ち運び便利な小型なものまで、さまざまな種類があります。

コンピューター内蔵のものは高価で、話しことばが使えない年齢の高い子どもによく使われますが、幼児の移行期コミュニケーションとして使われる場合もあります。サイン言語を学ぶのが難しい子どもでも、コンピューターによる合成音声を使って「話す」ことができるようになります。合成音声を使う利点を以下に挙げます。
①子どもの代わりに声を出します。
②話しことばの刺激を与え続けてくれます。同じ単語や句は毎回全く同じ言い方で言うので、安定した見本を繰り返し聞くことができます。
③通常の会話よりも話す速度が遅いので、聴覚処理に問題のある子どもや発語失行の子どもにとっては処理時間が確保でき、聞き取りやすくなります。

＊3　PECS
ピラミッド教育コンサルタントオブジャパン株式会社（PECSを扱っている日本の会社）
http://www.pecs-japan.com/

④必要なだけ何度でも繰り返し聞くことができます。
⑤子どもが自分のペースで操作することができます。
⑥合成音声や文字表示は、読み書き能力を伸ばすのを助けます。子どもは音声を介さず書きことばから直接ことばの意味を理解し、覚えることができます。

　携帯用ハイテク機器は種類が豊富です。ビッグマック（エーブルネット社）は20秒～1分間のメッセージを録音することができます。子どもが友だちに会ったときに再生できるようにあいさつを録音しておいたり、先生が教室で読んでいる本に繰り返し出てくるフレーズを録音したりできます*4。

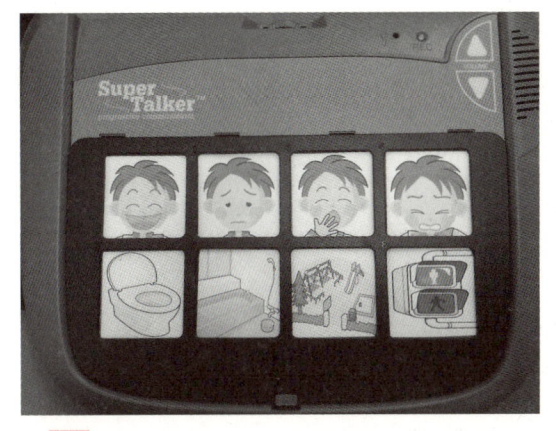

図1　Super Talker（エーブルネット社）
録音することのできるAACで、VOCAと呼ばれる種類のものです。日本ではパシフィックサプライ株式会社が取り扱っています。

AACを子どもに合わせてデザインする

　AACは選ぶだけでなく、子どもの必要に応じて細かく調整してこそ活用できるので、AACを「選ぶ」とは言わず、「デザインする」という言い方をします。

＊4　ハイテクコミュニケーションエイド
下記のHPアドレスは2010年現在のものです。「AAC」「コミュニケーションエイド」「障害児　コミュニケーション」などのキーワードで検索すると情報を得ることができます。
東京大学学際バリアフリープロジェクト（AT2ED）
http://at2ed.jp/
株式会社アクセスインターナショナル
http://www.accessint.co.jp/accessstore/
明電ソフトウェア株式会社
http://talkassist.meidensoftware.co.jp/
ABLENET（英語）
http://www.ablenetinc.com/
関連書籍
『AAC入門：拡大・代替コミュニケーションとは？　改訂版』中邑賢龍著（こころリソースブック出版会、2002）

● AACをデザインする時に気をつけること

選択方式

ほしいもの、やりたいことを選ぶ方法はふたつあります。

①直接方式

指さし、スイッチを押す、マウスを使うなどで選択する方法です。

②スキャン方式

選択肢が順番にひとつずつ表示されていき、希望のものが表示されたところで子どもが止める方法です。手の動きが不自由で直接指さしできないけれど、大き目のボタンひとつなら押すことができる子どもに向いています。

シンボル・システム

コミュニケーションに使われるシンボルには次のようなものがあります。

具体物

具体物はことばの概念を表す、最も直接的な方法です。多くの場合、実物ではなくミニチュアを使います。いつでも使えるように身近に置いておかなくてはいけないので、ミニチュアをキーホルダーにつけてベルトにつけたり、ポケットに入れておいたりします。絵が物を表すということが理解できない子どもには具体物が役立ちます。

カラー写真

カラー写真のメリットは、実物に近いものを表しているところです。例えば、子どもが「わたし」と言いたい時、女の子の絵よりも自分の写真のほうがわかりやすいでしょう。写真は人、出来事、季節、休日など、「物」ではないものも表すことができます。

デジタルカメラやスキャナーを使えば、写真を簡単にコンピューターに取り込んでコミュニケーションボードを作ることができます。

カラーの絵

カラーの絵は、写真ほど実物を忠実に再現してはいませんが、色も手がかりにして実物をイメージできます。イラスト集もたくさんあります。

白黒の線画

白黒の線画には手書きのものとコンピューターで描かれたものとがあります。値段も安く、コピーも簡単で、コミュニケーションボードのスペースに合わせて大きさを変えるのも簡単です。

シンボル

シンボルは絵と違って、表すものの形をそのまま再現するのではないところが、言語に近くなります。絵の場合は牛乳を見たら牛乳とすぐにわかりますが、シンボルの場合は必ずしも見た目が似ている必要はありません。写真に撮ることができないようなもの（真実、幸せ、不安など）を表すのにとても便利です。しかし理解しにくいという欠点もあります。

文字

文字はコミュニケーションボードや、合成音声をつかったコンピューターで使われますが、文字がわかる子どもにしか使えないので、6歳以下の子どもにはあまり使われません。

単語

単語は、単語だけの意味で使われたり、文章全体を表すきっかけとして使われたりします。コミュニケーションボードやコンピューターに、「ありがとう」と書いておけば、いつでもそれを使って感謝の気持ちを伝えられます。「ピザ」で「ピザを取ろうよ」を表すことに決めておくこともできます。学童期の子どもに向いています。

単語を選ぶ

まわりの人と十分なコミュニケーションをはかるためには、次のようなことを考慮してAACに使う単語を選んでください。

①子どもが好きなこと、一番伝えたいことは何でしょうか。

②家庭、幼稚園、地域で必要なことばを探しましょう。

③ことばがどんな働きをしているかを考えて単語を選びましょう。

- 会話を始める
- 要求する
- 質問する
- 助けを求める
- 答える、応答する
- 交流する（社交的な目的）
- 情報を共有する
- 何かを訴える

④まわりの人に効果的に伝えられる単語を選びましょう。例えば、「もっとちょうだい」「もういらない」「これきらい」など。

⑤感情を表現する単語があると友だちとのやりとりがスムーズにできます。例えば「すごいね」「いや！」「いいね！」など。

⑥年齢や性別に合った単語を選びましょう。「おはようございます」より「やあ」のほうがよいかなど。

AACは言語を学ぶためにも役立つ

　AACを使う一番の目的は、コミュニケーションをスムーズにすることですが、AACは子どもが言語を学ぶためにも役立ちます。コンピューターをダウン症の子どもの学習に活用しましょう。

・コンピューターは画面上に学習内容が表示されるため、ダウン症の子どもが持つ視覚的な強みを利用できます。
・コンピューターグラフィックは視覚的なメッセージを強め、概念を覚えるきっかけを与えてくれます。
・聴覚的な刺激と一緒に、視覚的な手がかりを与えることができます。ことばで指示が出される時も、同時に視覚的ヒントが表示されます。
・コンピューターはフィードバックが速いので、子どもは自分の答えが正しかったかがすぐにわかります。答えが間違っていた場合、コンピューターは正しい答えを教えて、もう一度質問します。
・コンピューターのプログラムは子どもの違いに合わせて細かく調整することが可能です。
・合成音声の出せるコンピューターは、話しことばを通常よりもゆっくり、正確に（同じボリュームで）、繰り返し聞かせることができます。
・コンピューターを使うと、どの課題をするか、何回やるかを自分で決められます。自分に決定権があると、優越感や自尊心を育てることができます。
・子どもはコンピューターが好きで、勉強というより、遊びの感覚で楽しむことができます。

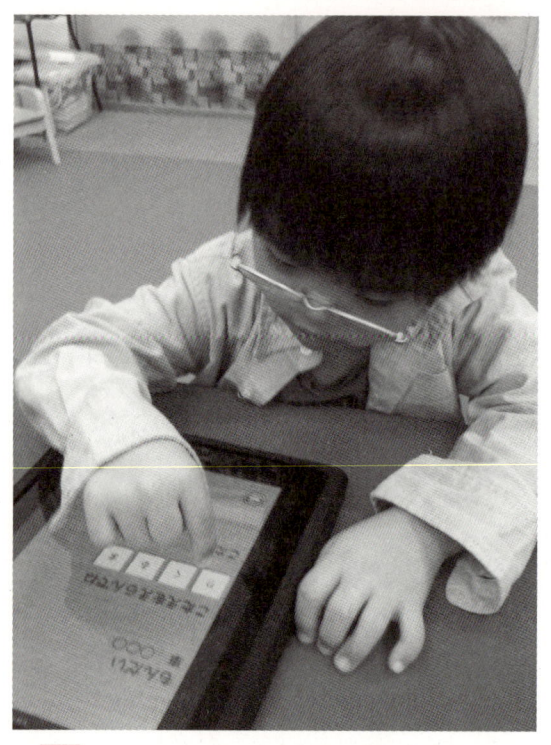

図 2　iPad（アップルジャパン株式会社）
小学生以上の子どもに、漢字の練習や計算問題などの学習ソフトを使います。また、ゲームなどを楽しむこともできます。

　もちろん、コンピューターは体験的な学習や、教師、言語療法士の代わりをすることはできません。しかし、概念を覚えたり、それを確認したりするのにはとても効果的で、学習の強い味方になってくれます。小さい頃からコンピューターを使い始めると慣れも早く、すぐに上手に使いこなせるようになります。
　ダウン症の子どもに役立つ、教育や言語のソフトウェアがたくさんあります[*5]。コンピューターで覚えた概念を別の状況、例えば運動場に行って確認したら、しっかり覚えることができます。
　コンピューターだけでなく、コミュニケーションボードのような「ローテク」のAACももちろん、こと

家族の役割

　AACを使う上で、家族の協力は欠かせません。
・AACの使い方を覚えてください。
・必要な時に使えるように、いつでも持って歩くように子どもに教えたり、周囲の人に頼んでおきましょう。
・移行期のシステムとして使うなら、話しことばにつながるよう、ボードやサインと同時に必ず話しことばを使うようにしてください。
・子どもがAACを使って話しかけてきたら、話しことばで話しかけられたのと同じように答えましょう。活発に会話をして、AACを使うのが楽しいと思えるようにしてください。
・あせらないでください。AACは話しことばよりも時間がかかることが多いですが、じっくり待って聞いてあげましょう。途中から代わりに言ってあげたり、急がせたりしないでください。
・おじいちゃん、おばあちゃん、デイケアのスタッフ、友だち、きょうだいなどにも使い方を教えて、一緒に使ってもらうようにしましょう。
・言語療法士に、使ってみた様子や問題点を伝えて、よりよいものを作ってください。

ばの学習の助けになります。ことばでは要求を伝えられなかった子どもがコミュニケーションボードを使ってできるようになったり、新しいことばをボードに加えることで、語彙を増やしていくこともできます。

成長に合わせて使いこなす

　それぞれの分野に詳しい専門家と家族とが協力して、AACを使いこなしてください。補助的コミュニケーションは、子どもの変化に合わせて常に変更していく必要があります。2歳でサイン言語を使っていたからといって、5歳になっても話せないわけではありませんし、5歳の時にカラーの絵のコミュニケーションボードが一番よいと判断されたとしても、いつまでもそうだとは限らないからです。AACを使い始める時、変更する時のためのワークシート（表1）を参考にしてください（→138p）。

＊5　教育や言語のソフトウェア
Laureate Learning Systems（英語）
http://www.laureatelearning.com/
発達に遅れのある子どものための学習ソフトで実績がある会社です。日本の学習ソフトについては、13章を参照してください（→155p）。

表 ① AAC作成・更新用ワークシート

名　前 _____　　　年　齢 _____

AACを使う目的
　□ 移行期コミュニケーションシステム　　□ 補助的コミュニケーションシステム　　□ 代替コミュニケーションシステム

担当者

AACのタイプ
　道具を使わないもの：サイン言語 □　　その他 □ _____
　道具を使うもの：コミュニケーションボード □　　コミュニケーションノート □　　PECS □
　　　　　　　　　ハイテクコミュニケーションエイド（具体的に）□ _____
　　　　　　　　　その他 □ _____

シンボル・システム：
　具体物 □　写真 □　絵 □　線画 □　文字 □　単語 □　その他 □ _____

使うシンボルの数：

伝える内容：

絵の入手先：

使用場所：
　教室 □　家庭 □　デイケア □　地域 □　その他 □ _____

目　的：
　社会的コミュニケーション □　言語学習 □　行動調整 □　その他 □ _____

情報の構成：

トレーニングの対象：
　子ども □　両親 □　デイケアのスタッフ □　学校の先生 □　その他 □ _____

AACのメンテナンス：

費用の支払い：

Copyright 2003 Libby Kumin.　May be reproduced for personal use only.

AACと言語療法

　AACはすぐに使いこなせるようになるわけではありません。まずその使い方を覚えて、話しことばの代わりや話しことばの補助として使い続けましょう。AACは言語療法の「代わりに」使うものではなく、言語療法の「中で」使うものです。AACを作成しただけで、「もうコミュニケーションする方法はあるから」といって言語療法をやめてしまうという話は珍しくありません。しかし、これは車だけ与えて運転の仕方を教えないのと一緒です。AACを使って言語力を伸ばしていけるよう、言語療法を続けてください。

第12章

言語の評価

　言語療法を受ける場合には必ず「評価」があります。アセスメント、検査、テストともいいます。テストということばにいやなイメージがあるかもしれませんが、評価の目的は子どもを順位づけることではなく、抱えている問題を解決することです。評価を行ってこそ、効果的な指導ができるのです。

評価を受けることが決まったら

　評価の予定が決まったら、スムーズに進むよう、言語療法士と話し合いましょう。場所、時間や回数、子どもを場所や人に慣れさせるために事前に一度連れて行ったほうがいいかどうかを確認します。そして子どものお気に入りの本や手遊び歌、おもちゃ、お菓子、話題、アレルギーの有無、くせなどを伝えておきます。当日は子どもが緊張しないよう、おもちゃや人形など、気がまぎれるものを持っていくといいでしょう。

　親が立ち会えるかどうかについても確認しておきましょう。立ち会えば、子どもが慣れない場所で日頃と違う様子を見せた時に、言語療法士にそのことを伝えられます。実態に即した評価でなければ、子どもに合うプログラムは立てられません。普段理解できることがわからない様子だったり、日頃使っていることばが出なかったり、いつもと違う行動をとるなど、家での様子と違うことがあれば言語療法士に伝えましょう。

　コミュニケーションの評価は、子どものやる気や緊張の程度などによって結果が変わります。子どもの体調や機嫌、評価する環境に細心の注意を払います。

評価する項目

　評価の内容は子どもの年齢や発達レベルに応じて変わります。乳幼児の場合、音声模倣や名前を呼ばれたときの反応など、言語の基礎となる力を評価します。話すようになったら、総合的な評価を行います。学齢期では、読み書きや、授業で使うことば、概念がどの程度わかるか、学校でのコミュニケーションがうまくいっているかについて評価を行います。

　学校生活では、友だち付き合いや授業の理解に、聞こえが大きな影響を及ぼします。ダウン症の子どもは滲出性中耳炎や聞こえの問題を抱えやすいので注意が必要です。神経学的評価や感覚統合の評価が必要な場合もあります。視覚、聴覚、触覚等の感覚が言語の基礎となります。神経学的評価では、感覚を処理する経路のどこに問題があるかをみつけます。感覚統合の評価は、さわる、身体を回転させる、高い場所に立つ、

など特定の感覚を極端に好んだり嫌がったり、感覚が過敏だったり鈍感だったりする場合に行います。

● 生育歴

評価の前に子どもの生育歴を調べます。まず、質問紙に主訴、病歴、発達歴、家族歴、教育歴などを記入します。本やおもちゃ、食べ物などの好みを聞かれることもあります。子どもがうちとけやすいように、言語療法士は子どもが好きなおもちゃを持ってこさせたり、はじめに遊んでリラックスさせようとします。「スパイダーマンの話が得意です」といった情報は大助かりです。言語療法士はいろいろな情報をあわせて評価計画を立てるので、いい案があれば申し出ましょう。

● 標準化された検査と観察・発達質問紙

言語の評価では、標準化された検査を使って子どもの反応を数値化します。しかし、子どもの実態を把握するには検査だけでは不十分です。遊ぶ姿や人とのやりとりを観察して、普段のコミュニケーションの様子を記録することも必要です。

標準化された検査

標準化とは、以下の条件を備えていることです。
・妥当性：調べたいと思うことが調べられている。
・信頼性：誰が検査を行っても同じ結果が出る。
・検査の進め方、質問の仕方、ヒントの出し方、道具の使い方など、誰もが同じ方法で行う。
・反応をどう点数化するか、点数の換算方法など、採点方法が厳格に決められている。

標準化された検査では、指示を繰り返す、質問のしかたを変える、反応するまで待つなど、検査者が勝手にやり方を変えることはできません。

観察と発達質問紙

検査以外にも、言語療法士は子どもと遊びながら話をしたり、子どもと親のやりとりを観察します。話ができれば、一緒に本を読んで内容を聞くこともあります。観察する中で集中力や課題のやり方についても評価します。　検査の結果を重視しがちですが、ダウン症の子どもは聴覚や運動機能に問題を抱えている場合があり、検査の際、反応が一定しなかったり、注意がそれやすかったり、なかなかやる気が起きなかったりするので、検査だけでは正確な評価ができません。リラックスした状態で観察し記録することが大切です。

翻訳者Column

検査の種類

日本ではさまざまな検査が使用されています。言語のどの面を評価するかで検査が異なりますし、発達の状況や年齢によっても異なります。その中からいくつかをご紹介します。

遠城寺式乳幼児分析的発達検査法

乳幼児の発達を、運動・社会性・言語の各分野ごとに検査し、特徴を明らかにすることを目的としています。生後すぐ（0か月）から4歳8か月までの子どもが対象です。家族から子どもの状態を聞きながら子どもを観察し、検査を行います。

絵画語彙発達検査（PVT）

初歩的な語彙の理解について調べます。3歳から10歳11か月までの子どもに実施できます（改訂版のPVT-Rでは12歳3か月まで可能）。4コマの絵の中から「○○はどれですか？」と尋ね、ふさわしい絵を選ばせます。絵を指さしさせる方法のため、話しことばが出ていない子どもにも実施することができます。語彙の理解が何歳程度かということと、同年齢の基準と比較した理解度とを知ることができます。

田中ビネー知能検査

知能を個別に検査し、知能の水準や発達の状態を把握することを目的としています。1歳から成人までの問題が順に並んでいる構成で、子どもから成人まで実施できます。得られた結果から精神年齢（MA）、知能指数（IQ）を算出します。検査を受ける人によって違いますが、30～60分程度で行うことができます。

WPPSI知能検査

幼児・児童の知能を個別に診断し、知能構造を明らかにすることを目的としています。3歳10か月から7歳1か月までの子どもに実施することができます。言語性検査と動作性検査に分かれています。そのため言語性、動作性それぞれに知能指数（IQ）を算出することが可能です。この検査で用いているIQは田中ビネー知能検査で用いているIQとは異なり、偏差IQと呼ばれるものです。これは被検者が同じ年齢の中でどの位置にいるかを示すものです。1時間前後で行うことができます。また、5歳から16歳11か月の子どもを対象としたWISC知能検査、16歳から成人を対象としたWAIS知能検査が同じ知能観にもとづいて作成されています。

乳幼児精神発達診断法

これは作成者の名前から通称「津守式」と呼ばれる発達質問紙です。子どもの日常生活の行動を、運動、探索・操作、社会、食事・生活習慣、言語の各領域から調べます。0歳から7歳までの子どもを対象とし、親に冊子になっている質問に答えてもらいます。

上記のほかにもさまざまな検査があります。指導担当者は子どもの何を評価するのかを明確にして、最も適したものを選ばなくてはなりません。あわせて家族にどのような目的で実施し、検査から得られた数値などが何を意味するのかを十分に伝えなくてはなりません。必要な検査を必要な「時」に必要な「量」行い、それを家族の方と共有することが大切です。検査を行う際には常にそのことを意識してのぞんでいます。

親子観察

　設備の整った施設では、親と子どものやりとりを、言語療法士が別の部屋からマジックミラーで観察します。子どもは検査に入ると緊張してしまい、普段しないような言動をとることがありますし、いつもはできることができなくなることもありますから、事前に自然な様子を確認しておきます。

　親と子どものどちらが先にやりとりを始めますか？　相手の目を見て話しかけているでしょうか？　もし子どもが見ない時には、親はどうかかわろうとしていますか？　問いかけへの答え方はどうでしょうか？　話者交替はできますか？　子どもの意思や要求の伝え方を見ます。親の様子も見て、子どもに対する接し方や声の掛け方についてアドバイスするための参考にします。ビデオに撮って、話す文の長さ、語彙数、文法などをチェックしたり、話しことばの明瞭度を評価することもできます。

　子どものいつもとは違う様子が目につくときには、言語療法士に遠慮せず言いましょう。家での様子を録画したものや、理解できる単語や文、話せる単語や文の一覧表を見せて、参考にしてもらいましょう。

発達質問紙

　コミュニケーションやことばの評価は、専門家と親との共同作業です。発達質問紙によって、親の評価を十分に伝えることができます。

　学校の先生や言語療法士が独自のチェックリストや観察記録用紙を作ることもあります。家で話すことばが長くなった、言われたことが理解できない時どうしていいかわからなくなってしまう、など学校の先生や言語療法士に報告するのに使えます。評価されたことを親がチェックリストで確認してみることも大切です。

● 言語の評価

　言語の評価では、「検査バッテリー」を組むことがあります。これは、ことばの理解、使える語彙、文法などを多角的に分析するためにいくつかの検査を行うことです。

　評価は、検査と観察との両方を行います。観察では、検査ではわからないコミュニケーションの様子を確認します。乳幼児の場合、遊び方を観察

> ### 話せない子どもの言語評価
>
> 　評価を申し込んでも、話せるようになってからでなければできない、と言われることがあります。話せないと評価できないこともありますが、呼吸機能、聞こえ、口周辺の筋肉の動きといった話しことばの基礎は観察することができます。話しことばだけが表出言語ではありません。日常のコミュニケーションではサイン、視線、表情、身振りなども表出言語です。AACを使っている場合は、AACを使った表現を評価します。
> 　指示に従うことができれば、理解言語（聞いたことを理解する力）を評価することができます。話せるようになるまで待っていては、いちばん困っている子どもが言語療法を受けられなくなってしまいます。

して言語力を見ます。何歳なら何ができるという目安があるので、少しやさしいレベルや難しいレベルの遊びもさせて、何ができて、何がもう少しでできるかなどを分析します。学童期では会話のサンプルを分析します。言語療法士は遊び、テレビ、映画、ビデオ、家族との出来事、旅行などについて、子どもに話をさせて言語力を評価しますから、事前に子どもが興味を持っていることについて、伝えておくとよいでしょう。

言語の基礎
　言語の基礎については第4章に詳しく述べています（→38p～）。言語療法士は子どもの観察と親のチェックリストなどを活用して評価します。

遊　び
　言語力を評価するとき、遊び方も観察します。遊び方で、認知機能、言語の基礎、言語を表現する力がわかります。また話者交替を教えるには、ボール転がしがいいか、おままごとがいいか、といったように、子どもに合わせた指導方法を考えることもできます。

注　意
　注意の評価では、どのくらい長く、どれくらい熱心におもちゃや物で遊ぶことができるかを見ます。室内にいろいろな道具があると気が散ってしまうか、おもちゃはひとつだけにしておいたほうがいいか、会話や課題にどのくらい長く集中していられるかなどについて観察し、指導の仕方を考えます。

言語理解
　言語理解の評価では、話しことばの聞き取りと、聞いたことを解釈する力とを確認します。サイン、絵、写真の理解はどの程度か、短い指示や長い指示に従えるか、本を読み聞かせたあとに「○○はどこ？」「猫はどれ？」のような質問に指さしでどのくらい答えられるかを見ます。さらに遊びの中でどれくらい指示に従えるかを観察します。プレスクール[*1]に入る前なら単純な指示だけですが、プレスクールに通う年齢なら複雑な指示やWH疑問文[*2]が理解できるかなども確認します。

言語表出
　言語表出の評価では、話しことばだけでなく身振りや日ごろ使っている拡大・代替コミュニケーション

（AAC）など、子どもが伝えようとするすべての行動を見ます。

　赤ちゃんの場合、おなかがすいたら哺乳びんを指さしたり、ベビーベッドから出たい時に手を上げて訴えたりする様子を観察します。もう少し大きな子どもなら、サインや身振りを含めたトータル・コミュニケーションを見ます。プレスクールに通う年齢になったら、「これは何？」「これは何をするもの？」などの質問に答えさせます。小学校に入る年齢になると、遊んでいる時の会話を観察して、語彙、文法を正しく使っているかどうかを確認します。

　検査には、単語の検査、色や形のような概念の検査、文の復唱（例えば「男の子が眠っている」と繰り返して言わせる）文章表現（例えば「男の子は何をしている？」という質問に答える）、絵の説明など、さまざまなものがあります。

理解と表出のギャップ

　ダウン症の子どものコミュニケーションを評価する時、忘れてはいけないのが理解と表出のギャップです。ダウン症の子どもに対する言語療法では、話していることばよりも多くのことばを理解していることをふまえて指導する必要があります。言語聴覚士が表出言語と理解言語を正確に評価しているか、確認しましょう。

語用論

　語用論は、日常使う言語を研究する分野です。幼児なら、身振りや指さしなどを含め、どうやって自分の言いたいことを伝えるか、話者交替ができるかを観察します。会話ができるようになると、話者交替、話題に沿って話せるか、話題をうまく変えられるか、聞き手が必要とする情報に気付くかなどを見ます。アイコンタクトのような言語以外のコミュニケーションも含めて観察とチェックリストで評価します。語用論については第10章を（→120p〜）、コミュニケーションの基礎については第4章を見てください（→36p〜）。

● 話しことばの評価

　話ができなくても、食べたり飲んだりする時の筋肉の運動、キスする音を出す、舌を持ち上げる、口を閉じるなど、話すために必要な口の運動ができるかどうかは評価できます。

＊1　プレスクール、幼稚園
アメリカでは小学校に入る前の1年間の幼稚園から義務教育が始まります。プレスクールはその前の3〜5歳の子どもが通います。

＊2　WH疑問文
疑問詞（どこ、だれ、なに、なぜなど）を使った疑問文のことです。

口や顔の形態と機能

話しことばの総合的な評価には、口と顔の筋肉の形態や機能、声と共鳴、話すときに必要な呼吸機能などが含まれます。この目的は、話しことばの伝わりにくさが身体的な原因によるものかどうかを確かめることです。

顔面が左右対称か、唇に異常がないか、上顎と下顎の位置関係や大きさ、口の大きさに対する舌の大きさ、歯のかみ合わせ、歯と歯の隙間、軟口蓋の長さ、口蓋裂や粘膜下口蓋裂（口蓋裂が表面の粘膜で覆われていて発見が遅れやすい）がないかなどについて確認します。

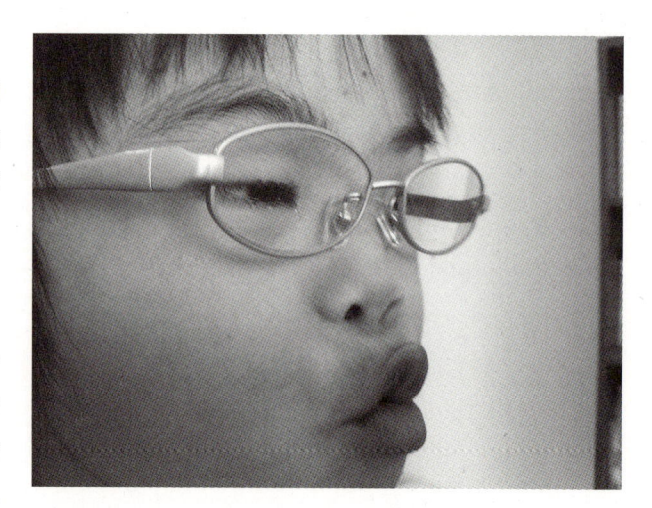

形態を確認した後、唇と舌の動きを見ます。動く範囲とコントロールを見るため、舌を鼻やあごに向かって伸ばす、歯の裏につける、唇の両端に交互に動かす、唇のまわりをなめる、検査者が頬にさわってその内側を舌で押す、などをさせます。子どもが検査者の指示を理解できない時は、動きをまねさせたり、「笑って」や「投げキスして」と指示したりします。

不随意運動（チックなど）がないか、よだれが出ていないかも観察します。呼吸の問題、うめき、歯ぎしり、その他の癖など検査でわからないことは、親に聞いて確かめます。

声と呼吸

「アー」や「エー」をできるだけ長く言わせて、大きさ、高さ、声質、明瞭さなどを確認します。ビジピッチという機器を使って声質を分析することもあります。ことばを話すのに十分な呼吸機能があるかどうかについても評価します。呼気の不足が原因で声が弱々しくなったり、不自然なところで息継ぎして話が伝わりにくくなることもあるからです。腹・胸・肩のどこで呼吸をしているか、呼吸が浅くないか、呼吸の時に肩が上下していないかなど、呼吸方法についても確認します。

共　鳴

口と鼻の共鳴のバランスがよいか、鼻咽腔閉鎖機能（声が鼻に抜けないように軟口蓋とのどの筋肉で口と鼻の通り道を閉じる働き）は正常かを評価します。鏡を鼻の下にあてたり、器具を使ったりして、どのくらい鼻から息が漏れているかを見ることもあります。

吃　音

言語療法士から渡される質問票には、吃音（どもり）がないか、あればどんな時に出るか（特定の音、文中や会話中の特定の位置、特定の状況）などについて記入する欄があります。ダウン症の子どもの場合、吃音は6歳以前ではあまり見られず、大きくなってから出やすくなります。言語療法士は、呼気の流れはスムーズか、構音器官の筋肉が緊張しすぎていないか、話し方が速すぎたり遅すぎたりしないかなどを見ます。

評価の時に問題が見つからなくても、家で吃音が出ることがあれば言語療法士に伝えてください。録音もしくは録画を行って言語療法士に伝えることもできます。

構　音

どんな構音の誤りがあるかを確認するため、以下のような評価法があります。
①音をひとつずつ評価する方法
②弁別素性を用いて分析する方法
③音韻プロセスを分析する方法

以上の方法は、いろいろな音を出すようになってからのものです。まだ数個しか音が出せない段階では、話す様子を観察して子どもが出した音すべてを記録します。

音をひとつずつ評価する方法

この方法では、絵を見せて物の名前を答えさせ、それぞれの音が語頭、語中、語尾に来た時に正しく構音できるかを調べます。構音検査をすると、特定の音に問題があるかどうか、それが単語のどの位置で起こるかがわかります。

検査結果を平均的な発達の標準値と比較して、「この年齢なら、この音はまだ出せなくても大丈夫」ということがあります。しかし、私はダウン症の子どもの評価に標準値を用いることはあまり意味がないと考えています。

弁別素性を用いて分析する方法

弁別素性を用いて、正しく構音できない音の共通点を見つける方法です。例えば、舌尖を挙げる音が全部うまく言えない、唇を丸くすぼめる音は言えないなど、構音の誤りのパターンを見つけます。例えば筋緊張が低く舌尖を挙げられない場合は、舌尖を挙げる練習をすれば、複数の音を一度に改善できます。弁別素性の説明は第9章にあります（→108p〜）。

ダウン症の子どもは、音をひとつずつ評価するよりも、弁別素性で分析したほうが問題点を明らかにしやすくなります。その場合、次のような説明を受けます。
・「お子さんは破裂音を出すのが難しいです」
・「お子さんは、歯茎音（歯茎の裏に舌尖をつけて出す音）を出すのが難しいです」

弁別素性に焦点を当てた指導については第13章で説明します（→150p〜）。

被刺激性の検査

言語療法士は、すべての音の構音を一覧表にして、被刺激性の検査を行います。これは、普段うまく出せない音でも、相手の言う音をまねをすれば言えるかどうかをチェックする検査です。被刺激性の検査では、どの音が教えやすいかがわかります。普通はうまく出せなかった音だけを検査しますが、すべての子音と母音の被刺激性を確認することもあります。音声模倣ができれば、家庭でも第9章にある方法で練習できます

（→113p〜）。

交互反復運動検査（ディアドコキネシス）

交互反復運動とは、構音器官を素早く繰り返し動かすことです。特に長い単語や会話には、筋肉の強さ、動きの速さ、正確さ、協調性が必要です。

交互反復運動の検査では、/パ//タ//カ/の3つの音を使います。まず、音をひとつずつ、できるだけ速く繰り返し（例「パパパパパパ…」）、5秒間で何回言えたか数えます。次に3つの音を組み合わせた/パタカ/をできるだけ速く繰り返し、5秒間で何回言えたか数えます。3つの組み合わせは舌の動きが複雑で難しくなります。これによって舌の動きを評価することができます。

明瞭度の検査

明瞭度は話しことばのわかりやすさのことです。第8章でも述べたように、明瞭度は話し手の話し方だけでなく、聞き手側の親しさの程度、聞く力、話す内容や状況などに影響されます（→90p〜）。声の大きさや筋肉の強さなど客観的に測定できるものとは違います。

明瞭度の表記には、以下のような指標がよく使われます。

・全部わかる
・音の誤りが少しあるがわかる
・音の誤りがたくさんあるがわかる
・部分的にわかる
・時々わからない
・全然わからない

「1」が最も不明瞭で「7」が最も明瞭として7段階で評価したり、「50％わかる」とパーセンテージで表すなど、数字を使うこともあります。

どのような時に明瞭度が良くなったり悪くなったりするかを評価する場合もあります。例えば、両親は理解できても叔母さんにはわからない、親でも知らない内容だと理解できない、などと記録します。これは具体的な改善策を立てるために重要な要素です。

明瞭度は、話す相手、状況・内容などに影響されるので、両親、先生、スクールバスの運転手、友だち、きょうだいなどに確認してもらう必要があります。

音韻プロセスを分析する方法

これは、音の平易化、置き換えのパターンを見つけて、構音を分析する方法です。例えば、「すべての音を口の前方で構音している」「単語の最後の子音をすべて省略してしまう」などです。音韻プロセスについての詳細は第9章を参照してください（→115p〜）。

> ### 明瞭度の検査を生かすために
>
> 　よく行われる明瞭度の検査は、聞き取りやすいかどうかを評価するだけで、その原因を明らかにするものではありません。それでは言語療法の計画にはあまり役に立ちません。
> 　明瞭度の検査では、聞き取りやすさの評価に加えて、聞き取りにくくしている原因を分析する必要があります。言語と関連領域（例えば聴力検査）の評価用紙と、言語療法計画立案用紙を作りました。付録を参照してください（→190〜192p）。

評価の見方

　評価の内容について、言語聴覚士からきちんと伝えてもらいましょう。担当者との面談は検査の最後に行うこともありますが、だいたい1週間後に行われます。面談では、親子観察でわかったことを話し合ったり、検査結果についての説明を受けたりします。

　結果が郵送されてくることもあります。いずれの場合も担当者に、内容について質問したり、詳しい情報を求めたり、評価に加えたい家庭の情報を伝えたりしましょう。一日の終わりになると声がかすれてくる、初めてのところに行くと吃音が出るなど、評価の時には見られなかった情報を言語療法士に伝えるのは、評価が終わってからでも遅くはありません。

● 検査の点数の見方

　親は検査結果が気になるでしょうし、結果が持つ意味、活用法など、聞きたいことがたくさん出てくるでしょう。結果は親だけでなく、専門家にとっても、子どもに合った言語療法プログラムを作るために大切です。検査の点数や結果の意味をよく理解してください。わからないことは恥ずかしがらずに積極的に質問しましょう。

　結果の表記の仕方はさまざまです。正答や誤答の数、正答と誤答の割合、パーセンタイル評価（他の子どもの検査結果との比較）、発達年齢、言語発達レベル（例えば、理解は4歳レベルで表出が2歳半など）、標準得点や換算点などいろいろあります。得点の見方がわからなければ、遠慮せずに質問しましょう。

評価は前向きな気持ちで

　評価の手続きは面倒で、親も子も、心身ともに疲れます。しかし、ふたつのことを思い出して、前向きな気持ちで受けてください。ひとつは、子どもを一番よく知っているのは親だということです。そしてもうひとつは、評価は子どもの発達に必要な情報を見出すために行うのだということです。

第13章

言語療法の実際

　言語療法では親が大きな役割を果たします。ことばの練習には毎日の継続が大切です。言語療法は毎日は受けられません。言語療法士は、お風呂の時間のシャボン玉遊びや鏡を使った構音練習などの提案はできますが、一緒に入浴することはできません。言語療法士から直接、言語療法を受ける必要がある時期と、定期的な経過観察を受けながら、必要な援助だけを受ければよい時期とがあります。

言語療法で行うこと

　ダウン症の子どもが皆、いま必要なことだけでなく、将来起こってくる問題までも見通した言語療法を受けられるようにしたいものです。何に焦点をあてて言語療法が行われているのかについて、それぞれの段階別に見てみましょう。

● 誕生から一語文期まで

　この時期はおよそ1〜4年くらい続きます。生後8〜10か月までは、言語療法士による直接の言語療法を定期的に受けるより、家庭で子どもの注意が集中できる時間に働きかけるほうが効果的です。
　子どもが見聞きしたことからことばは育ちます。鈴の音を聞き、ベルベットと紙やすりの手ざわりを感じることから始めましょう。聴力を検査して、必要ならば補聴器をつけることも大切です。
　ダウン症の子どもの多くは触覚が過敏です。歯みがき、シャンプー、散髪をいやがったり、特定の食感の食べ物をいやがったりします。口腔マッサージなどを行って唇や舌にさわられることに慣らしましょう。そうすると、喃語や発声量が増え、いつ、どこにさわられたかという感覚が発達します。この感覚は、ことばを話す時に大切なものです。
　次は唇、舌、あごを別々に動かせるように口の運動をします。笛やシャボン玉を吹く、おもしろい顔をつくって口の筋肉を動かす、音声模倣など

の課題をやってみましょう。食べ物を使った練習も、話す時の口の動きにつながります。

　コミュニケーションの基礎となる話者交替は、「いないいないばあ」やおもちゃの受け渡し、ボール転がしのやりとりをして教えます。言語の基礎を伸ばすためにできることがたくさんあるので、言語療法は子どもが話し出す前に始めてください。

　ダウン症の赤ちゃんは、生後8か月～1歳の頃になると、周囲の人と積極的にコミュニケーションをとるようになります。指さしをしたり、音を立てたり、大人をほしい物のところへ引っ張って行ったりします。伝えたいことがうまく伝わらないとイライラを募らせてしまうので、早いうちにその子に合った移行期コミュニケーションを見つけてあげましょう。

　移行期コミュニケーションとしては、話しことばに近いトータル・コミュニケーションをよく使います。サイン言語を覚えれば、道具がなくても自分の言いたいことを伝えることができます。サイン言語が難しい場合は、コミュニケーションボードなどの道具を使います。それぞれのコミュニケーション・システムの長所や短所については、第11章で詳しく述べています（→128p～）。

● 一語文期から三語文期まで

　話しことばでもサインでもかまいませんが、子どもが単語を話し始めたら、少しずつ概念や語彙を増やし、2語、3語の単語を組み合わせて句や文を作ることができるように働きかけます。

　言語療法では料理や工作、遊び、旅行などの活動を通じて、語彙を増やしていきます。体験を通じてたくさん学ばせましょう。

　一方で、話す長さを伸ばすように働きかけます。私たちはよく、ペーシングボードを使っています（→73p）。長方形のボードに、目標の単語の数だけ丸いしるしが書いてあります（「ボール、投げる」と言わせたい場合は、丸が2つのものを使います）。子どもは三語文に移行する前に、さまざまな意味関係の組み合わせの二語文を使えるようになります。

　遊びを通して要求やあいさつの仕方を教えましょう。遊びは、聴く力や注意力も育てます。この時期にコンピューター学習が取り入れられることもあります。形、文字、単語のマッチングや、場合によっては単語を選ぶ課題などを行います。これは、読み書き学習の準備となります。構音を改善させるため、感覚統合と口の運動を行って口の筋肉を強化します。これはいずれ構音練習を行う時の役に立ちます。

● プレスクールから幼稚園の時期

　プレスクールや幼稚園に通うダウン症の子どもは、ことばの理解に比べ、表出に大きな遅れがありますが、言語療法では両方に対して働きかけを行います。理解面では、学校に入ると重要になる聴覚的記憶と指示理解とに重点を置きます。言語療法士は長い指示の覚え方や、サイン言語などの視覚的な手がかりを教えてくれます。色、形、方向（上・下）などの概念の理解にも焦点をあてます。読みもこの段階で取り入れていきます。表出面では語彙を増やし、長い文を話せるように取り組みます。文法の学習を始めます。助けを求め

る、適切なあいさつを交わす練習にロールプレイも取り入れていきます。

　着せ替え人形遊びやカード作り、カップケーキなど料理をしながら、語彙を増やし、質問に答える練習をしましょう。「バレンタインのカードは何色にする？」「ハートはいくつ描こうかな？」などの質問に答えながら、WH疑問文の練習ができます。指示に従うためには、集中して聞かなければならないので、聴覚的記憶や聴覚的処理の発達も促すことができます。この段階では構音指導も開始されます。

話しことばの指導

　言語療法には、話しことばに焦点を合わせる時期、言語に焦点を合わせる時期、また両方に焦点を合わせる時期があります。話しことばの指導の目的は、新しい構音の仕方を覚えること、今抱えている問題を解決すること、今後問題が起こらないようにすることです。

● 口の運動

　ダウン症の子どもに対しては、口の運動を行い、構音に使う筋肉を鍛えることも大切です。うまく構音できない原因が、どのような解剖学的あるいは生理学的問題によるものなのかを評価してもらいましょう。筋緊張が低かったり、筋肉が弱かったりするなら、筋力をつけるトレーニングを行います。

● 構　音

　構音指導の目的は、誤った構音を直すことです。話しことばの発達が遅れていて、5～6歳ではまだ構音指導を始められない場合でも、基礎となる口の動き（口腔運動機能）や音を並べる運動企画（発語失行）に対する練習はできます。

伝統的な構音指導

　子どもが正確に構音できない音を、単語の中の位置別（語頭、語中、語尾）に練習する方法です。音の誤りが多い場合は、頻繁に使われる音や、子どもが普段よく使う音から始めます。

　まず音を聴いて、正しく聞き分ける練習を行います。次に構音の仕方を教えます。口のどの位置で、どのように音を作るかを教え、その音だけ、例えば/p/だけで練習します。次にその音を含む音、「パ」で練習し、次は「パイ」など単語の特定の位置（この場合は語頭）、「レモンパイ」などの句、「レモンパイをください」などの文、最後に会話で、と練習していきます。誤りのある音すべてについて、このプロセスを踏んで練習します。

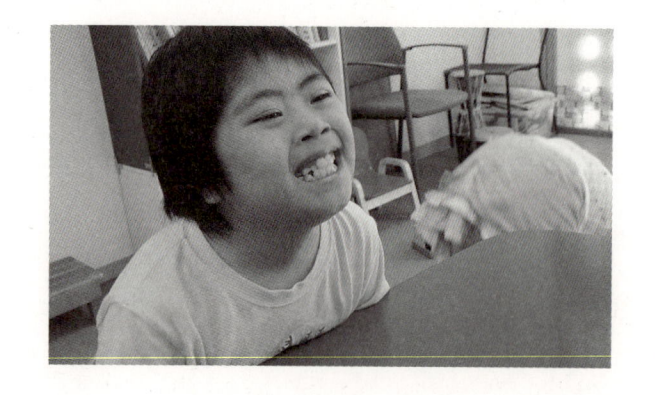

聴覚的弁別法

聴覚的弁別法もよく行われています。正しい音と誤った音との違いを聞き分ける練習を集中的に行います。伝統的な構音指導や聴覚的弁別法は、時間がかかって退屈な上、運動や知覚の問題の根本的な解決にはなりません。ダウン症の子どもには有効ではないと私は考えています。

弁別素性からのアプローチ

弁別素性からのアプローチでは、誤り音を構音点、構音方法、声帯振動の有無によって分類します。そして、共通する問題に焦点を合わせて練習します。

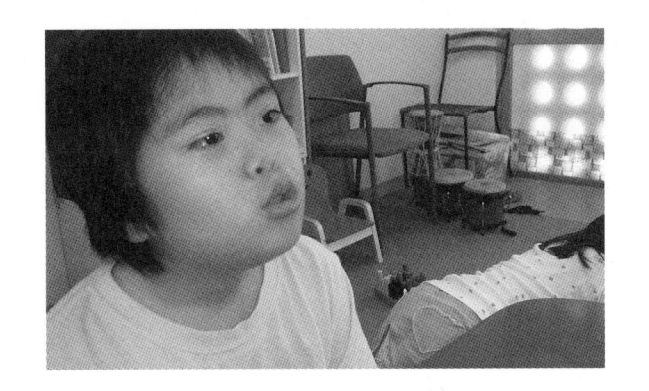

弁別素性からのアプローチは、特定の構音点での構音や、特定の構音方法、あるいは有声音と無声音の出し分けができるようになれば、同じ弁別素性を共有する音すべてがうまく出せるようになるという考えに基づいた方法です。

これは、音の誤りの原因が筋力の低下など神経や筋肉の問題によるものである場合、論理的で合理的な方法で、ダウン症の子どもに有効です。音をひとつひとつ練習する方法よりも、早く結果を得ることができます。詳しくは第9章を参照してください（→108p）。

音韻プロセスからのアプローチ

ある音を単音、またはある単語ではうまく出せるのに、他の語では出せないことがあります。語尾の音を習慣的に省略してしまうことなどがそうです。検査をすれば、構音自体ができないのか、語尾を省略しているのかがわかります。

それぞれの音韻プロセスには確立された練習方法があります。音韻プロセスからのアプローチでは、ある状況では言えても別の状況では言えない音を子ども自身が認識して、それを使うように促します。音韻プロセスについては第9章で詳しく説明しています（→115p～）。

子どもに合わせた練習方法

言語療法で構音の練習を行う場合、個人指導とグループ指導とがあります。グループ指導の場合でも、それぞれの子どもの構音の問題に合わせた方法で行ってください。全員が同じ音に誤りがある場合でも、原因はそれぞれ異なります。

構音できるようになってきたら、家庭での練習が必要です。口の動きを意識しなくてもよいくらいまで練習する必要があります。せっかく正しい構音を覚えても、普段それを使わなければ、誤った音を練習していることになります。

● 話しことばの明瞭度を上げる

　第8章で述べたように、明瞭度は話し手の感情やまわりの環境にも影響されます（→103p）。明瞭度に影響する原因をはっきりとつかんでから言語療法を行います。構音の難しい音があれば、その構音を練習します。語尾の子音を省略するという音韻プロセスがある場合は、それをなくすためのプログラムを行い、筋緊張が低いことが問題なら、顔、唇、頬の筋肉を強化するために、笛やシャボン玉を吹いたり、唇や舌の運動を行ったりします。子どもが相手の顔を見ようとしないなら、よく見るように促して練習します。

　身体的あるいは感覚の問題がある場合は、言語療法士だけでなく、ほかの専門家にも相談しましょう。難聴は耳鼻咽喉科で、歯のかみ合わせ異常は歯科医に、それぞれ検査や治療をしてもらいます。感覚の処理や統合の問題があれば作業療法を受けます。口腔器官の運動の専門家である言語療法士と、呼吸機能専門の作業療法士とが協力することもあります。

　明瞭度に影響している原因が改善すれば、話しことば全体の明瞭度が向上します。

● 声と共鳴

　声の問題の原因には、次のようなものがあります。
・喉頭の状態によるもの（喉頭横隔膜症など）
・アレルギーによるもの（閉鼻声、開鼻声、嗄声など）
・口呼吸によるもの（閉鼻声や開鼻声など）
・大声を出すなど声の乱用による損傷（声帯結節など）

　声と共鳴に問題がある場合、言語療法を始める前に小児科医や耳鼻咽頭科医にみてもらってください。手術や薬物治療、パラタルリフトを使用する治療が必要なこともあります。共鳴の問題で最も多いのは開鼻声と閉鼻声です。第8章でこれらの問題を説明しています（→99p〜）。

● 速　さ

　ダウン症の子どもは速すぎる話し方をすることが多く、そのために明瞭度が下がっています。言語療法士は、太鼓やテーブルをたたく、リズムに合わせて話すなどの方法で話す速さを教えます。おもちゃのトラックを速く動かしたり遅く動かしたりして、話す速さが見てわかるようにします。速さの調整の方法は、第8章の「いっしょにやってみよう」に紹介しています（→101p）。子どもが遅い話し方と速い話し方とを覚え、ゆっくり話せるようになったら、普段の会話でもできるように練習することが大切です。

言語の指導

　言語療法では、話しことばだけでなく、言語の問題にも取り組みます。三語文期を過ぎたら、いま必要な

ものだけでなく、思春期や大人になってから必要になる力を積み上げていきましょう。

● **文　法**

　語尾変化を覚える時は、「パターン練習」や反復練習を行います。例えば「○○している」という表現を覚える時は、写真を見せながら、その人が何を「している」のかを聞かせます。グループ指導では、子どもが順番に飛び跳ねたり歩いたりして、見ている子どもに何をしているのかを言わせます。この練習は家でもできるので、言語療法で練習している内容をしっかり把握しておいてください。

　また、「○○の前に」や「○○の後ろに」という表現を覚える時は、人形を並べて、「グローバー*1 はどこにいる？」「列の前にいる」「今度はグローバーはどこにいる？」「列の後ろにいる」と練習します。市販の教材コンピューターソフト*2 を使って文法の学習を行うこともできます。

　文字が読めれば、文法の学習に有効です。例えば、過去形を表す語尾「○○ました」「○○た」が聞き取れない場合でも、文字を見て、過去形の作り方を確認できます。

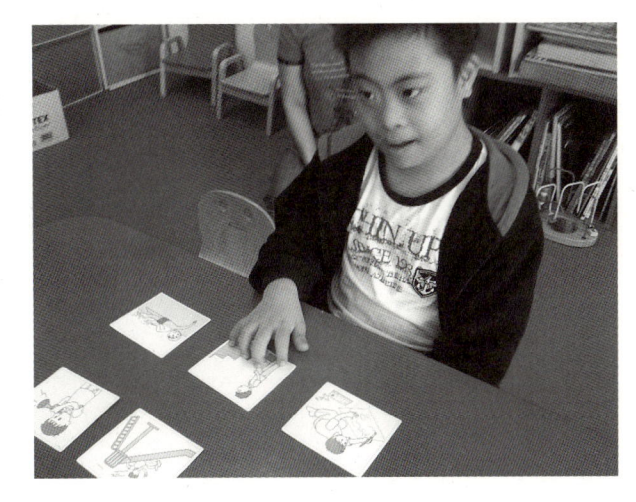

---

*1　グローバー
アメリカのテレビ番組『セサミストリート』のキャラクターです。

*2　教材コンピューターソフト
下記のHPアドレスは2010年現在のものです。「知育ソフト」「特別支援教育　教材」「障害児　ソフトウェア」などのキーワードで検索すれば、新しい多くの情報が得られます。
国立特別支援教育総合研究所発達障害教育情報センター　教材・教具データベース
http://icedd.nise.go.jp/
キッズラブ
http://www.kidslab.net/
Flash学習教材集
http://kanza.qee.jp/

● 語　彙

　成長するに従って、語彙を増やすだけでなく、複雑なことが要求されるようになっていきます。色、大きさ、形、季節の服装や食べ物に関する単語は早くから教えます。大きくなってくるとことばの定義、同義語、反対語の理解や、「並べて」「下線を引いて」「丸をつけて」「合わせて」などの指示に従う練習もします。

　言語療法では料理や工作をしたり、郵便局に行ったり、本を読んだりしながらことばを使う体験をします。活動の中で語彙、文法の目標を設定します。例えば特定の色のクレヨンを取ってほしいと頼むことや、着せ替え人形をしながら「前」「後ろ」「上」「下」などの位置関係を示すことばを使うことを目標にします。

　経験学習は、新しいことばを覚えるのによい学習法です。パン屋さんに行く前に「オーブン」「パン」「パンやさん」などのことばを予習します。帰ってきたら、見てきたことを書きます。自分で書けない場合は、話して先生に書きとめてもらいます。後から書いたものを読んだり、パン屋さんごっこのような形で再現したりします。これは実生活に即した、とてもよいことばの学習法です。

● 語用論

　語用論は人とのやりとりが含まれるので、少人数のグループ指導が適しています。ていねいな話し方をしなければならない時と、親しく話してよいときとの違いを教えたり、助けを求める時のお願いの仕方なども練習します。

　ロールプレイ、模擬体験を通して学習します。人とやりとりをしながら覚えるのが最も実際の場面に近くなるので、きょうだいや友だちと一緒に練習しましょう。ぬいぐるみや人形などを使ってもよいでしょう。

言語療法における両親の役割

　子どもが小さいうちは、言語療法に親が参加することが多いでしょう。観察室からマジックミラー越しに観察したり、部屋に入って一緒に参加したりします。プレスクールや学校に入ってからは、見学や参加する機会は少なくなります。

● 言語療法士との話し合い

　言語療法を毎回見学している場合、最後に少し親と話す時間をとってもらいましょう。その日の目標や子どもの様子、次の週までに家で行う課題について話し合ってください。

　親は言語療法士とひんぱんに連絡を取り合ってください。たまにしか会わないと、できるようになったことよりも、問題点のほうに話がいってしまいます。ひんぱんに会って話すほど、子どものよくできることと問題点とにバランスよく目を配ることができるようになります。

　はじめに言語療法士とどうやって連絡を取り合うかについて、話し合っておきましょう。日誌のやりとりをして、言語療法士からの報告や提案を親に伝えたり、電話、メール、週ごとあるいは月ごとの報告書を作

成したり、定期的な面談を行う場合もあります。

言語療法の現場

言語療法の種類、場所、時間
　言語療法の予定や頻度は、子どもによって違います。個別かグループか、週に何回行うか、一回あたりの時間など、子どもに合わせて決めていきます。

　学校のプログラムでよく行われる言語療法のタイプ*3をいくつか紹介します。

取り出し指導
　以前は、言語療法はすべて教室外で個別に行われていました。いま、この方法は「取り出し指導」と呼ばれています。ダウン症の子どもには、口腔機能を高める運動や構音指導、明瞭度を上げる課題に取り組む時に、この取り出し指導が向いています。

学級での指導
　学級での指導は、教室の中で言語指導を行うのではなく、教室で起こったことに対応する指導です。ルールに従ったり、助けを求めたりする練習ができ、教科学習を言語学習の素材にできます。友だちのいるところで行うので、コミュニケーションの改善につながります。

カリキュラム内での指導
　カリキュラムの内容を検討して言語療法を行います。カリキュラムの内容に沿った単語を学習することができます。輸送手段についての授業の時は、言語療法士が「電車」「飛行機」「自動車」「トラック」「船」「フェリー」などの単語を覚えるようにサポートします。

連携指導
　言語療法士がクラスの先生に、わかりやすい指示の出し方をアドバイスしたり、プリントの問題をわかりやすくする工夫、指示に従いやすくなるような視覚的な手がかりの与え方をアドバイスします。言語療法士と先生が行動療法の専門家に協力してもらって、子どもが行動を通して何を伝えようとしているのかを分析して、問題の解決に努める場合もあります。

> 3　学校のプログラム
> アメリカの個別障害者教育法（IDEA）には、支援が必要な子どもも他の子どもと一緒に教育を受けるべきであるという原則があり、多くの子どもが通常学級に在籍しながら支援を受けています。ここで紹介する指導法は通常学級に在籍していることが前提のものです。日本では障害の程度に応じて、別の学級、学校で教育を受けている子どもが多いのが現状です。

ホール・ランゲージ

　話す、聴く、読む、書く、は関連し合ってコミュニケーションを形作っています。担任の先生、読解指導の専門家、言語療法士が協力して指導計画を考えます。クマについて学習する時間には、動物園に行く、クマに関する本・ビデオを見る、歌う、お話を書く、テディベアの形のクッキーを作るなどして、それを通じて五感に働きかけます。

進歩の状況の確認

　指導の進みぐあいを継続的に評価してもらい、子どもの状態をつかんでおきましょう。定期的な検査や観察を行い、変化の様子を言語療法士と親とが互いに確認します。

言語療法士と協力して

　経験を積んだ言語療法士は、子どもだけでなく、親にとっても頼りがいのある存在です。言語療法は簡単にはいきませんし、すぐに問題が解決できるわけではありませんが、忍耐強く取り組めば、きっと成果が出ます。

　言語療法士がやることをよく見てください。その中に、自分が子どもと接する時に役立つものがあります。課題を出してもらえば、言語療法の内容に沿った課題を家でも行うことができます。そして、言語療法には、親からの情報が欠かせないことも忘れないでください。チームワークがとても大切です。

MEMO

第14章

読み書きと言語

　読み書きは、子どもの可能性を広げてくれます。ダウン症の子どもは聞いて覚えることより見て覚えることのほうが得意なので、文字はことばの概念を学ぶ助けになります。ダウン症の子どもにはできるだけ早く文字の読み方を教えましょう。

読めるようになるための準備

　読みの学習を始めるには、生活の中での経験が大切です。

子どもが感じたことをことばにする

　身のまわりのことを感じとり、ひとつにまとめる力は、言語や読み書きの基本となります。さわって、見て、聞いて、感じとったことを、ことばで関連づけてあげましょう。「紙やすりだよ。さわってごらん。ざらざらしているね。よく見たら、ほら、でこぼこしている」「綿はさわると柔らかいね。見た目もふわふわしているね」と、話しかけてください。

集中力をつける

　読みを習得するためには、集中して文字に注意を向ける必要があります。乳児期から、よく聴き、よく見る体験を積み重ねて、集中できる時間を延ばしましょう。

本を身近なものに

　読み書きの環境づくりをしましょう。本とはどういうものかを教えます。読み聞かせをし、本を手にとらせて、身近なものにしてあげてください。子どもは読めるようになる前から本をめくり、絵をながめます。本の持ち方や、上から下へ、左から右へ読むこと、印刷された文字は規則的に並んでいて、シミやいたずら書きとは違うこと、ページごとに話が進んでいくことにだんだん気づいていきます。また、ことばを聞き取る練習にもなります。

　文字は読むものだと気づかせましょう。新聞のマンガを読んであげるとか、食事の準備中にレシピを声に出して読み聞かせてください。

　ひとりで読めなくても、本はことばを育てるよいパートナーになります。あらすじを話して、登場人物について話し合ってみましょう。話せるようになる前でも、指さしや身振りやまねによって、やりとりができます。読みながら文字を指でなぞれば、左から右へ、次には一行下を読むという目の動きを練習することもできます。

子どもの写真を使って、オリジナルの本を作りましょう。子どもは自分が主人公になった本や、経験したことが書いてある本が大好きです。パソコンで絵をスキャンすれば、簡単に作ることができます。

同じ形を見分ける力

　読みを学ぶためには、似た形のものを見分けることが必要です。文字の形を見て、その文字だとわかる必要があるからです。型はめパズルは形を見分けてマッチングする練習になります。

文字に関心を持たせる

　読めるようになるまでは、本をめくって楽しめるようにしましょう。

子どもに合った本選び

　本好きな子どもに育てるためには、まず何よりもその子に合った本を選んでください。文字が大きく、おもしろそうな絵のある本を選びましょう。硬い紙でできた本や、仕掛け絵本、遊べる絵本なら、さわってあれこれ確かめてみることができます。はじめは文字数の少ないもの（1ページに1〜4語くらい）がいいでしょう。もっと文字のある本でもかまいませんが、子どもに応じて文を短くするなど、工夫して読んでください。

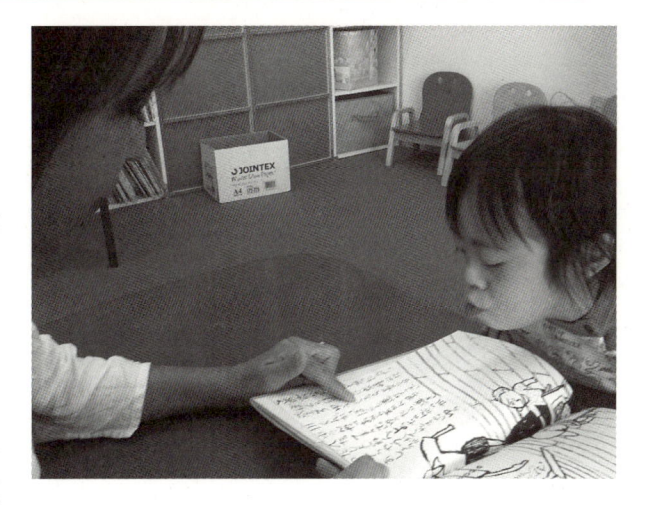

本を扱いやすくする工夫

　子どもが自分で本をさわってめくることができるようにしましょう。下記のような工夫をした本なら、赤ちゃんでもページをめくることができます。

- ゴムスポンジ（家具の緩衝材などとして売られている）やマジックテープをページの上か下に貼りつけます。
- 洗濯ばさみや紙ばさみをページごとにつけてみましょう。
- 本を一度分解して、組み立て直す方法もあります。各ページをクリアポケット[*1]に入れて、順番にルーズリーフ用のバインダーに綴じます。

*1　クリアポケット
バインダーに綴じる袋状の透明のビニールのことです。

子どもが読み聞かせに参加できるように

　文字が読めなくても、まだ話せなくても、読み聞かせの時に子どもに役割を与えてください。例えば、本の絵のキャラクターをコピーして、切り抜いてラミネート加工し、裏にマジックテープを貼ります。本の中の絵の上か、隣の余白にマジックテープのもう片方の面を貼ります。そして「アヒルはどこ？　ここね。これがアヒルだね」と言いながら、手元のアヒルの絵と本の中の絵をマッチングさせます。

　本のページをめくることができるようになると、読んでいるかのように声を出す子どもがいます。そんな時は、まず、本に何度も出てくるフレーズを録音します。『三匹のこぶた』では、「大きな息で、お前の家を吹き飛ばしてしまうぞ！」というせりふを録音して、出てくるたびにスイッチを押すだけでせりふが流れるようにします。子どもはせりふをまねするようになり、読んだり話したりできなくても、読み聞かせに参加できます[*2]。

読みを毎日の生活に組み込む

　日常生活ではいろいろな場面で活字にふれる機会があります。同じ文字を何度も見せて、繰り返し練習することができます。

- 「外出表」を作りましょう。「家」と書いた欄に、ラミネート加工して裏にマジックテープを貼った家族の名前のカードを貼っておきます。外出する時は、自分の名前のカードを家の「外」の欄に移動し、帰宅したら「家」の中に戻します。これを毎日繰り返しているうちに、自分の名前を覚えていくでしょう。
- 「お手伝い表」を作りましょう。子どもの名前のカードと、お手伝い内容が絵や文字で書かれたカードを作ります。

ダウン症の子どもに読みを教える指導法

　ごく最近まで、専門家は、少数のダウン症の子どもしか文字が読めるようにはならないと考えていました。しかし、1970年代にワシントン大学で、ドミトリエフとオールウェインが「ダウン症とその他の発達障害のある子どものためのプログラム」を企画し、大勢のダウン症の子どもを対象に読みを教えるようになったのをきっかけに、この見方は変わり始めました。

　現在、専門家はほとんどのダウン症の子どもが読めるようになると考えています。発達の遅れのない子ど

---

*2　本に何度も出てくるフレーズ
繰り返しのフレーズが出てくる本を紹介します。
『はらぺこあおむし』エリック・カール著（偕成社、1989）
『のせてのせて』松谷みよ子作（童心社、1969）
『おおきなおおきなおいも』赤羽末吉作（福音館書店、1972）
『三びきのやぎのがらがらどん』北欧民話（福音館書店、1965）

もたちと同じ方法で学べる子どももいますが、特別な方法で教える必要がある子どももいます。

バックレーは読み書きを重視し、文字を使った指示の方法を使うべきだと考えています。バックレーは2歳半から文字の読みを教えており、教え始めるのは語彙の数が40〜50語くらいで、同じ形を見分けられるようになった頃が望ましいとしています。

ダウン症の子どものための教材と指導法

ダウン症の子どもに読みを教えるプログラムには、次の3つがあります。

● ラブ・アンド・ラーニング

カットリンスキ夫妻が娘のマリアのために開発した、多感覚的な方法です。6つの段階に分かれており、アルファベットとその発音の段階から会話の段階へと徐々に進みます。それぞれの段階ごとに50〜150の新しい単語を覚えることができます。

Love and Learning
http://www.loveandlearning.com/

● ダウン症の子どもに対する読みの教授法

ことばの体験を積み重ねながら、段階的に読みを身につけられるプログラムです[*3]。写真や身のまわりにある物を使って教材を作ります。サイトワード[*4]から教え始めます。例えば、「ネコ」と書かれたカードを見せて、同じカードと合わせてもらいます。次の段階では2枚のカードから「ネコ」と書かれたカードを選び、最後に子どもに「ネコ」と読ませます。

ことばを話す前や明瞭度の低い子どもでも、トータル・コミュニケーションを使って「読む」ことができます。2語以上の単語が読めれば、まず同じ2枚のカードを合わせてから、サイン言語で「読む」課題ができます。いくつかの重要なサイトワードを教えた後、音の学習に移ります。

*3 読みを身につけられるプログラム
Oelwein, PL. Teaching Reading to Children with Down Syndrome: A Guide for Parents and Teachers, Woodbine House, 1995.

*4 サイトワード
パッと見ただけですぐに覚えられる簡単な単語を意味します。

● **バックレーの読み習得のためのプログラム**

バックレーは、読みを修得する上で、以下のことが大切だと考えています。
①たくさんの語彙（サイン、話しことばを含む）を覚えさせる。
②まず、サイトワードを教える。
③音のパターンを覚えさせる（文字と音とを一致させる）。
④単語の読み方を教える。
⑤前後関係や意味から推測することを教える。

まずは限られたサイトワードを教えることから始めます。そして同じ単語カードを合わせたり、選択、読みなどの課題を行います。最初のサイトワードを覚えたら、新しい単語や句のカードを作り、ゲームや遊びを通して練習させます。その後文法レベルに合わせた文章や物語を書き、どの音がどの文字に対応しているかについても教えます（Buckleyほか［1993］）。

学習する時に気をつけること

ことばや読みを学ぶ時には、以下の点に気をつけてください。
①楽しく学びましょう。
②いきなり難しい目標を立てるのではなく、細かい段階に分けて少しずつ難しくします。
③「これができなくてはだめ」と執着してはいけません。音と文字の関係を理解し、発音できるようにならなければ、読めるようにはならないと考えている専門家は大勢います。しかし、他の方法でも読めるようになる子どもはいます。
④本を読む時、子どもに役割を与えましょう。読みを習得するためには、たくさんの方法がありますから、子どもの特徴に合った方法を見つけてください。
⑤子どもの興味を引き、レベルに合った本を選びましょう。
⑥子どもは同じ本を何度も読みます。何度も読んでいるうちに文を覚えて一語一句そのまま暗誦するようになります。
⑦いろいろな経験をさせて、応用力をつけます。カードに書いてある「あか」だけが読めても意味がありません。豊かな経験をさせて、「赤」という概念を覚えさせましょう。

> **翻訳者Column**
> **日本語の読みについて**

日本語の特徴

　日本語の音は母音（口の形だけで作る音）だけでできている音と、子音（舌や唇などを動かして作る音）と母音が1つずつ組になってできている音の2種類があります。50音表でいうと、あ行・や行・わ行の音は前者、その他の音は後者です。

　基本的には、1つの文字に対して1つの音を発音すればいいのですが、読みの学習においてダウン症の子どもたちが間違いやすい点があります。

①清音と濁音は音も文字も似ている

　例えば、「か」と「が」は、音もとてもよく似ていますし、文字も濁点がついているかいないかだけの違いしかありません。したがって、読む時には音の面からも、文字の面からも読み間違うことがよくあります。

②長音（のばす音）は文字の通りには発音しない

　例えば、「時計」は/トケー/と発音をしますが、ひらがなで書くと「とけい」となります。同じように、「掃除」の発音は/ソージ/ですが、書くときには「そうじ」です。しかし、「通り」は「とおり」と書かれ、発音もそれに近い/トーリ/となります。

　つまり、ひらがなで書かれている文字と発音が異なるだけではなく、その書き方も2つ方法があるので混乱しやすく、覚えにくいわけです。

③拗音（小さな「ゃ」「ゅ」「ょ」がつく音）は1音の発音なのに2文字で書かれる

　例えば、「しゃ」は「ゃ」の大きさに気がつかなければ、/シ・ヤ/と2つの音で発音されてしまいます。

④促音（小さな「っ」）は文字があるのに発音しない

　促音は文字があるのに発音せず、発音はしないが1音分の長さをとらなくてはいけません。例えば、「きって」は、「っ」を発音しませんが単語としては/○○○/という3音分の長さが必要です。

⑤撥音（「ん」）は後ろに続く音によって発音が変わる

　後ろに続く音がま行・ぱ行・ば行であれば「ん」は唇を閉じて発音し、それ以外では唇は閉じずに発音します。例えば、「さんば」の「ん」は唇を閉じますが、「さんか」の「ん」は唇を閉じません。

読みの練習

　読みの練習は、まずひらがな1文字だけから始め、次に2つの文字からなる単語、さらに多くの文字からなる単語と進めてから、文を読む練習を行います。文では、分かち書きされたものを用いたり、周囲の無関係な文字が目に入らないようにそのとき読む単語だけを見せるような枠を用いる

と、読みやすくなります。また、漢字はひらがなに比べると、文字と意味が直接的に結びついているので、ひらがなだけの文より漢字混じりの文のほうが読みやすいです。場合によっては、ひらがなの練習に並行して、漢字の練習をするほうがよいこともあります。

ひらがな1文字を読む練習の方法

キーワードを用いた方法

　ある文字が語頭音である単語とその文字が結びつくようにします。例えば、「り」の読み方を覚えるとき、次のような手順で行うことができます。

ステップ1：「りんご」の絵と「り」の文字を結びつける練習をする

　具体的には、りんごの絵を見て、選択肢の中から「り」の文字を選ぶ練習などがあります。

ステップ2：「り」の文字を見て「りんご」を思い浮かべて、/リンゴ/と発音する

ステップ3：「り」の文字を見て、/リ/と発音できるようにする

　最初に選ぶ単語（キーワード）は、本人が意味を知っている単語を選びます。

濁音の練習方法

　まずは、対応する清音（例えば、「ざ」の練習をするのなら「さ」）が読めるようになっていることが前提です。その上で、次の2点について確認します。

①清音との音の違いが聞き取れているか

　例えば、「さる」と「ざる」の絵を見せ、それぞれの名前を聞かせて、正しく選択できるかどうか、などで確認します。できていなければ、2つの違いを聞き取る練習をします。

②それぞれを正しく発音できているか

　復唱させて確認します。できていなければ、このための構音練習を行います。

　上記が可能であれば、濁点に注目させることができれば読めるようになることが多いです。

拗音の練習

　まず、小さな「ゃ、ゅ、ょ」の文字と大きな「や、ゆ、よ」の文字の区別ができることが必要です。次に、「2文字だけど、音は1つ」であることを理解させるために、2つの音の発音を短くしていく方法と、1のキーワードを用いる方法があります。後者を優先することが多いですが、拗音の中にはキーワードとなる単語が少ないものもあるので、前者も用います。「音はひとつ」を理解させるために、リズムに合わせて机を叩いたり、音の数だけ積み木を並べたりすることも有効な方法です。

読む力を育てるための経験

日常生活の中で、使われている文字に気づかせましょう。読み書きの力を伸ばすために、毎日家庭でできることを紹介します。

● 食事を作る

大人になって一人暮らしをするようになると、自分で食事を作らなくてはなりません。幼児期から買い物や料理の手伝いをさせましょう。

買い物リスト

字が読めない小さな子どもでも、好きな食べ物のラベルや空き箱を使って、買い物リストを作ることができます。商品名のついた食品のラベルや空き箱をたくさん切っておきます。そうすれば、買い物に行く前にそれを紙に貼って、リストを作ることができます。

果物や野菜などラベルのないものは、チラシの写真を切り取ったり、コンピューターや本の絵を使ったり、写真を撮ったりして使うとよいでしょう。読めるようになったら、絵や写真と文字の両方を使ったリストにします。

買い物

コーナーの案内板が読めれば、手際よく買い物をすることができます。案内表示と同じ単語を書いたカードを作ります。まず、そのカードを使ってコーナーを探しましょう。それができたら、カードなしでも案内表示を見て行けるようにします。

一人暮らしをするには、食品ラベルが読めなくてはなりません。パッケージは、新しい柄に変更されることがあります。デザインが変わっても、商品名を見て同じ商品かどうか確認することを教えます。

レシピ

料理するには、レシピを読んで料理の作り方を理解しなくてはなりません。まだ文字が読めない段階なら、パッケージの裏に作り方が絵で描かれているケーキミックスを用意し、子どもに作り方を説明してもらいましょう。文字を読み始めたら、絵や読める単語で、簡単なレシピを作ることもできます。お手伝いをしている時に「混ぜる」「泡立てる」など、レシピを読む際に必要な単語を教えましょう。

● 役割分担表と予定表

　役割分担表は、家や学校でよく使われます。表を見れば、自分が食器の片づけ当番なのかテストを集める係なのかがわかります。予定表はいろいろな目的で使われます。プレスクールでは、おやつ、遊びの時間割りを書いて子どもたちに知らせます。学校では、宿題や学習課題を予定表に書き出します。予定表や役割分担表の見方を教えましょう。

・大事な日だとわかるように、カレンダーにシールを貼りましょう。パーティーの日には誕生日ケーキのシール、家族旅行の日には飛行機のシールを貼ります。
・お手伝いの役割分担表を作る時には、名前の横にお手伝いした時の写真を貼って、誰が何の担当かわかるようにします。

● 地図と標識

　店内の表示や案内板、地図や交通標識の読み方を小さい頃から少しずつ教えていきましょう。

　大きな紙やフェルト、布で近所の地図を作ります。子どもに関係のある場所、図書館、ショッピングモール、ファストフード店、スーパー、学校などを書き込みます。写真や子どもの描いた絵に文字を添えて貼り付けます。手作りの地図を見ながら散歩やドライブに出かけましょう。

　外出したら、必ず案内表示を教えてください。飛行機や映画館の中で、一番近い出口を見つけさせて、緊急時には避難することを説明します。トイレに行く時には、男女の表示やドアを押すか引くかを見分ける方法を教えましょう。「危険」や「足元注意」のような注意を促す表示に目を向けさせます。

豊かさを与えてくれる読みの力

　読みは職業選択の幅を広げ、自立した生活や余暇を楽しむことにもつながります。自立して安全な生活を送るためには、標識や説明書きが読めなくてはなりません。ダウン症の人たちは趣味として読書を楽しみ、人生を豊かなものにしています。また、読めるようになると、聞きとりにくい語尾も覚えやすくなります。

MEMO

第15章

学校と地域でのコミュニケーション

　子どもは毎日、まわりの人たちとコミュニケーションをとっています。言語療法や評価を受ける時だけコミュニケーションをはかるのではありません。子どもにとって大切な生活の場は、学校と地域です。どちらの場面でも会話がうまくできることがいちばん大切ですが、学習と、スムーズな社会生活に必要な力との間には違いもあります。この章では、学校と地域で必要なコミュニケーションについて簡単に紹介します。

プレスクール

　プレスクールに入ると、子どもは日課にそってカリキュラムを学び、ほかの子どもたちと仲よくつきあっていかなければなりません。親や言語療法士と一緒に身につけてきたコミュニケーションの基礎の上に、学習に必要な言語力が必要になります。

● コミュニケーションを育てる環境選び
コミュニケーションの動機づけ
　プレスクールはコミュニケーションをはかろうとする気持ちを育てます。教室では先生、友だち、職員と話す機会がたくさんあります。例えば、読み聞かせやショー・アンド・テル[*1]の時間があります。お話を読んだ後に質問すると、子どもは積極的に話をします。身振りでも表現することができます。「ライオンがどのくらい強いか見せて」と言われたら、子どもは力こぶや、うなり声で伝えることができるのです。

しっかりしたコミュニケーションモデル
　ダウン症の子どもは模倣することがとても上手です。コミュニケーションが上手な子どもたちがいたら、遊んだりふれ合ったりするだけで、よい学習になります。インクルーシブ教育の場では、よいコミュニケーションモデルが存在するのです。特殊教育プレスクールに通う場合は、ことばとコミュニケーションを重視してもらうようにしてください。友だちでも大人でも、話しことばの見本が必要なのです。

*1　ショー・アンド・テル
自分が関心のあるものを持参し、それについてクラスメートの前で発表する活動。

コミュニケーションの機会

プレスクールでは、友だちができて、コミュニケーションの機会が増えます。クラスを参観する時には、ことばが飛び交っている活発なクラスかどうかを見てください。学習プログラムには、子どもたちがお互いに話し合う時間が組み込まれているでしょうか。教室が子どもたちのコミュニケーションを促す場となっているかどうかを確認してください。

AACを使ったコミュニケーション

多くのダウン症の子どもは、話しことばを主なコミュニケーション手段にします。まだことばが出ていなかったり、上手に話せない場合は、話しことばに代わるコミュニケーション手段を使いましょう。サイン言語、コミュニケーションボード、PECSやハイテクコミュニケーションエイドなどがあります。

教室には、子どもが使っているコミュニケーション手段に慣れた人がいなくてはなりません。担任や補助の先生が休みの日でも、代わりの人を配置してもらいましょう。先生がAACを全く使っていないようなら、話し合って使えるようにしてください。

● 子どもに合った環境を見つける

プレスクールではどこでも決まりに従って日課を行っていますが、園によって方針に多少の違いがあります。子どもがひとりで課題を達成するのを重視しているところと、友だちや先生とのコミュニケーションを重視するところとの、どちらが子どもに合っているでしょうか。

環境選びには次のことを参考にしてください。

・地域の早期教育の専門家に相談しましょう。地域のプレスクールや小学校のプログラムを知っているので、アドバイスをしてもらえます。
・先輩の親の経験を聞きましょう。
・教室で子どもたちが過ごしている様子を見学しましょう。
・体験入園をお願いしてみましょう。
・子どものことをよく知っている言語療法士に一緒に見学してもらい、意見を聞きましょう。

インクルーシブ教育と話しことばの明瞭度

インクルーシブ教育を選ぶ時、話しことばの明瞭度を基準にする必要はありません。プレスクールではカリキュラムがしっかり決まっていて、先生やほかの子どもたちはまわりの状況から、ダウン症の子どもが言おうとしていることがわかります。この年齢になると、相手の子どももじっと聞いてくれます。AACを使

うこともできます。AACを使いながら決まりや日課にそって活動できれば、うまくやっていけるものです。

> **翻訳者Column**
> ## アメリカと日本の教育システム
>
> アメリカでは1997年に個別障害者教育法（IDEA）が成立し、2004年に改訂されました。この法律は0〜21歳までの障害を持つ子どもに早期教育、特殊教育を提供する方法について定めています。
>
> 子どもに発達の遅れがある、またはその疑いがある場合、チャイルドファインドに問い合わせます。これは、障害を持つ子どもを早期発見して、無償で適切な教育サービスを提供しようという制度です。
>
> 認定を受けると、3歳未満の場合は「早期教育」と呼ばれる公的サービスを受けることになります。子どもと家族のサポートに重点が置かれた個別家族サービス計画（IFSP）が立てられ、それに基づいて教育が行われます。3歳以上の場合は、各学区のプレスクール、幼稚園、学校で提供される「特殊教育サービス」を受けることになります。それぞれの子どもに合わせた個別教育計画（IEP）が立てられます。言語療法や拡大・代替コミュニケーション（AAC）の提供など、さまざまな専門的サービスが含まれています。
>
> アメリカでは、多くの子どもは3歳からプレスクールに通います。小学校入学前1年間の、幼稚園から義務教育が始まります。IEPはプレスクールの段階から公的教育を保障するものです。ダウン症の子どもの多くは、特殊教育サービスが受けられる公立と、発達に遅れのない子どもと一緒に教育が受けられる私立との両方に通っています（片方に週3回、もう片方に週2回など）。
>
> アメリカでは基本的にすべての子どもが通常学級に籍を置いて、必要に応じて個別支援を受けるようになっていますが、日本では障害の程度に応じて、別の学級または学校で教育を受けているのが現状です。言語聴覚士が学校教育の中で占める役割は、アメリカほど大きくありません。
>
> 日本では2007年から特別支援教育が行われ、学習障害や自閉症などの子どもの一部は通常学級で学びながら、通級学級にも通って支援を受けています。また、特別支援学級籍の子どもが、限られた時間、あるいは全面的に通常学級に通っている地域もあります。特別支援学校に在籍する子どもは、本人が希望すれば、定期的に地元の通常学級と交流することもできます。
>
> 支援が必要な幼児期の子どもは、1974年から保育所に専属の保育士をつけるための予算が組まれて、地域の保育園に通いやすくなりました。2007年の学校教育法改正で、幼稚園でも障害を持つ子どもに対する教育について言及されましたが、まだ、療育を目的とする通園施設だけに通っている子どももいます。

幼稚園と小学校

幼稚園では文字や簡単な算数などの学習も始まります。さらに小学校では、大半の時間を先生の話を聴いて過ごします。聴くこと、覚えること、指示に従って行動することが多く、視覚からのほうが学びやすいダウン症の子どもは難しさを抱えることになります。

● 言語の遅れをサポートする

幼稚園や小学校の低学年になると、ダウン症の子どもは言語の遅れが目立つようになってきます。言語療法を受け、校庭で友だちと遊ぶときや、学習科目で必要なことばを覚える必要があります。先生が、学習の題材を工夫する方法や指示の与え方について、言語療法士に助言を求めることもあります。通常学級でインクルーシブ教育を受ける時には、次のようなことに気をつけてあげましょう*2。

学習内容に関することば

クラスで使う本を見て、出てくる単語や教えたい概念を調べておきましょう。オリエンテーションの配布資料を見たり、担任の先生に尋ねると学習内容や目標がわかります。学年が始まる前に、どう子どもをサポートしていけばよいかについて話し合い、年度始めから対応することが理想的です。

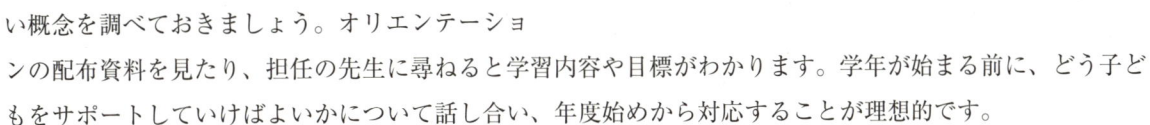

指示のことば

指示のことばとは、クラスで学習する時に使われることばです。以下のようなことに気をつけてください。
・どのような伝達手段を用いているか：授業中、先生は話しことばだけで教えていますか？　絵や図表を用いていますか？
・授業で使われている用語：「下線」「まる」「合わせる」「線を引く」などの用語はよく使われます。これら

> *2　幼稚園や小学校の低学年になると
> Kumin, L. Classroom Language Skills for Children with Down Syndrome, Woodbine House, 2001.
> 本書の著者による、学習内容やその他学校で必要となる言語の習得に関する書籍です。

をあらかじめ教えて練習しておけば、授業中の質問に答えることができます。答えを知っていても、あてはまる絵に丸をつけたり、単語に線を引くという指示がわからなければ答えられません。

・先生の指示の仕方：先生の指示は短いですか、長いですか？　ゆっくりですか、速いですか？　指示を理解できない時は、見本やたとえを使った説明が必要ですか？　質問や正解を視覚的に示し、見本を示せば質問を理解する助けになります。

ダウン症の子どもは、長く複雑な指示に従うことが苦手で、特に口頭で言われた場合は理解するのがたいへんです。担任の先生には、短い文で指示してもらったり、視覚的手がかりを使ってもらいましょう。

先生が何を求めているか理解する

子どもがそれぞれ違うように、先生もみんな違います。先生によって、子どもたちに期待するものや評価の規準も異なります。活発で熱心な子どもがよいと思う先生もいれば、発言を求められるまで黙っている静かな子どもがよいと考える先生もいます。

子どもは出された課題で何が求められているのか、的確に把握できないことがあります。例えば「猫について説明しなさい」と言われて、「動物」と一言答えるだけで十分でしょうか？　ふだんは直接説明されることのない先生の要求を、子どもにわかるように説明する必要があります。答えがわかっていても、先生の要求に的確に答えなければ、正しく評価してもらえません。

テストに必要なことば

指示する時と同じことばが使われますが、テストでは前後関係が切り離されて出題されるので、答えを探すための手がかりがあまりありません。また、絵が少なく、道具を使うこともできないので、文章だけの質問に、手がかりなしで答えなければなりません。

テストには担任の先生が作ったテストと、地区や州で統一されたテストとがあります。先生が作ったテストでは、子どもの必要に合わせて変更を加えます。問題の意図がわかりやすくなるように下線を引いて強調したり、記述式の問題を選択式にして答えやすくしたりします。

統一テストでは、手を加えることは許されません。規則では、テストの設問を変更すると結果が無効になります。ただし、テストで試したい力に直接的に影響を与えないものであれば、許可される場合もあります。

日課に関することば

　日課には「時間通りに学校に来る」「自分の席について授業に取り組む準備をする」「課題を始め、集中して取り組み、完成させる」「先生の指示通りに課題を切り替える」「一列に並んで整列する・解散する」「昼食・集会・避難訓練」などがあります。日課の説明は指示が長いため、はじめはたいへんですが、日課は何度も繰り返されるので、慣れていきます。

　最初は2人1組で活動するとスムーズに覚えられる場合があります。パートナーの子どもに、列からはみ出さないように見てもらうように頼みます。クラスメートの援助は、ダウン症の子どもが日課を身につける時に大きな助けになります。もし、切り替えがうまくできない場合は、目で見える予定表を使うと次にすることの準備ができて、スムーズに行動できます。

　子どもを2年間幼稚園に通わせると、1年目には先生と子どもたちに慣れ、クラス内での日課が身につき、2年目に学習を身につけることができます。

友だちとのコミュニケーション

　子どもは授業中、昼食時、休み時間、スクールバスに乗っている時に、友だちや先生、職員とかかわりを持ちます。コミュニケーションをサポートするために、次のことに気をつけてください。

・友だちとどのようにやり取りしていますか？
・どのようなコミュニケーション手段を使っていますか？
・うまくかかわれる工夫をしましょう（例えば、身振りを使う、友だちのとなりを歩く）。
・どんな時にコミュニケーションが取りにくくなりますか（例えば、クラスでいつ話していいかが理解できていないなど）？
・あいさつをしたり、自分から会話を始めたりできますか？
・友だちの話を聞いてから自分が話したり、話題をそらさずに話したりできますか？

　友だちとのコミュニケーションは、社会の一員となるためには欠かせないものです。テレビ番組やみんながほしがっているおもちゃの話ができると、友だちをたくさん作ることができます。友だちとのコミュニケーションを助ける語用論については第10章を参照してください（→120p～）。

地域でのコミュニケーション

　自分が住んでいる地域の中で、家族、近所の人、友だち、スーパーのレジ係など、たくさんの人たちとふれ合いながら、子どもの世界が作られます。学校と同じように、まわりの人に子どもの言うことをわかってもらう必要があります。学校でも地域でも、わかりやすい話し方や、AACのような相手に伝わりやすいコミュニケーション手段が大切です。その場に合った話し方を身につけることも重要です。

　学校よりも地域でのコミュニケーションのほうがやさしい面もあります。どんなコミュニケーションの取

機能的行動評価

　子どもが授業中に動き回ったり、教室から走って出ていったり、日課に従わなかったりするのはなぜでしょうか？　学校での問題行動の理由を探る方法に、機能的行動評価があります。機能的行動評価は、心理学者や行動療法の専門家が行います。担任の先生、特殊教育の先生、言語療法士、家族は子どもの行動を伝えます。言語療法士はうまくコミュニケーションできないことが子どもの行動に関係しているかどうかを分析し、子どもが言いたいことを伝えられる別の方法を提案します。しかって直させるのではなく、問題となる行動が起こる前に防ぐことを目標とします。まず、子どもの行動を次の3つに整理します。

①前ぶれ（行動の前に起きること）

②問題行動

③結果（行動の後に起きること）

　前ぶれについて記録する時は、子どもが問題行動を起こす直前に行った活動、行事、科目も考慮に入れましょう。どのような状況でその行動を起こしますか（教室、言語療法中、教室から移動する時、食堂、運動場、スクールバスなど）？　1日のうち、あるいは1週間のうち問題行動を起こしやすい時間はありますか（朝、昼食の前、金曜日など）？　誰がいると、あるいはいないとその行動が起こりますか？　できるだけ詳しく、わかりやすく記録しましょう。次に、その後の経過について記録します。行動の結果どうなりますか？　子どもの目的（注目を集めることや、やりたくない課題をやらなくてもすむ）が達成されたでしょうか？

　問題行動の目的を明らかにしてください。代わりになる行動によって同じ目的を達成できることを教えるためです。例えば、先生の注意を引くことが目的なら、手を挙げるか「助けて」のサインを出すように教えましょう。課題をやりたくない時には、教室から廊下に走って出ていくのではなくて、勉強の途中で休憩したり手助けを求めたりする方法を教えます。

　子どもが自分の行動をコントロールできていないように思われる時もあります。クリミンスは、自傷、非社会的な癖、攻撃、かんしゃく、持ち物を壊す、といった行動は、無意識のうちに子どもの目的をかなえていると考えています。博士はその行動を、自分を主張するメッセージとして解釈しようと提案しています。叫んでいるのには「何を言われたかわからないんだ」という意味が、走って出ていくのには「何が起こるかわからなくて怖いんだ。だから何が必要か伝えられないんだ」という意味が、同じ行動や自己刺激を繰り返すのには「自分を混乱させる状況を考えないようにするために繰り返す必要があるんだ」という意味があると考えるのです（Crimmis［1996］）。子どもの行動の目的に応じて、対応の仕方を決める必要があります。

り方でも受け入れられるからです。例えば、ピザを食べに行きたいかと聞かれた時に、笑顔でハイタッチすれば、イエスと答えているとわかってもらえます。近所の人とは、首を横に振る、両肩を上げるなどの身振りや、単語や短文での受け答えだけで十分に通じます。

　しかし、店員さんやウェイターは、子どもが何を言っているのか、すぐには理解してくれません。子どもは近くにいるお父さんやお母さんに助けを求めます。難しいやりとりだけ親が代わってあげて、まずあいさつや簡単なやりとりを子どもに身につけさせましょう。言語療法士に相談して、知らない人にでも理解してもらえるようにAACを使う工夫が必要です。

● 地域で必要な語彙を増やす

　地域の中でどのように語彙が増やせるでしょうか。家族の予定がわかれば、どんな単語が必要になるか予想できます。ディズニーワールドへ家族で旅行に行くなら、ディズニーキャラクターの名前は当然覚えるでしょうし、飛行機に乗るなら、空港、荷物、ターミナル、ゲート、飛行機といった単語は体験を通して覚えられます。関連する内容の本を読んだり、写真を撮ってきて、後で話したりすることもできます。後から思い出して話がしやすいように、オリジナルの本を作りましょう。サイン言語を使っているなら、サイン辞典を持って行って新しい体験について話せるようにしておきましょう。

　語彙の習得は子どもの興味によって大きく左右されます。泳ぐことが好きなら、スポーツに関することばに興味を持つでしょう。パンを焼くこと、料理、工作など、それぞれに関連する語彙があります。語彙の習得については第7章を参考にしてください（→78p〜）。

● 決まった質問やあいさつのことば

　日常生活でのコミュニケーションには、あいさつなど決まったものが多いので、毎日練習すれば覚えられます。「やあ」「こんにちは」「元気ですか？」だけで立派なあいさつです。別れる時も「またね」「楽しかったね」「バイバイ」で十分です。繰り返し練習すれば、気軽にあいさつができるようになります。「元気？」「何歳？」「どこの学校？」「何年生？」と尋ねられることがありますが、これもお決まりの簡単な答えを求めるものです。答えられるように練習してスムーズにあいさつができるようにしましょう。

社会への扉を開くコミュニケーション

　コミュニケーションは、ダウン症の子どもにとって社会に通じる扉ですが、壁になることもあります。何が必要かを知っておけば、親が子どもや先生、言語聴覚士と一緒にやるべきこともわかってくるはずです。

　近年、ダウン症の子どもが実社会で学んだり遊んだりする機会が増えました。関係者が声をあげ、ダウン症の人たちが実力を発揮し始めたからです。今後も親、先生、言語療法士の取り組みによって、ダウン症の子どもが地域に溶け込み生活していくための扉をさらに開いていきましょう。

MEMO

第16章

おわりに

　コミュニケーションは私たちの生活になくてはならないものです。話しことば、身振り、サイン言語、コミュニケーションボード、ハイテクコミュニケーションエイドなど、どんな方法でも、コミュニケーション手段がなければ、自分の中に閉じ込められてしまいます。

　ダウン症の子どものコミュニケーションには大きな個人差があります。コミュニケーションがとても難しい子どももいれば、比較的問題の少ない子どももいます。コミュニケーションと言語の発達は着実に進んでも、話しことばで大きくつまずく子どももいます。コミュニケーション、言語、話しことばがバランスよく発達していない場合には、3つの領域に対する継続した支援が必要です。コミュニケーションの中でも、話しことばはダウン症の子どもがいちばん苦手な領域ですが、同時にいちばん大切な領域でもあります。だからこそ、その手助けになるように、私は本や論文を書いてきました。

　コミュニケーションを育てるには両親の役割が重要です。週1回、1時間の言語療法を受けただけでは、コミュニケーションの力は伸びません。実生活の中での積み重ねが大切です。言語療法士はどのようにことばを教えればよいかを教えてくれます。また、接し方の見本を示して、情報を提供してくれます。しかし、毎日接して子どもを変えられるのは親だけです。一緒にいるからこそ、適切なタイミングでことばを教えることができるのです。食事の時に顔や口の筋肉の運動をさせる、入浴中に身体の部分の名前を教える、庭で動き回りながら動詞や前置詞を教えるというように、ことばを練習させる機会はたくさんあります。そのために必要な知識をこの本に詰め込みました。

　たとえゆっくりでも、一歩一歩着実に進んでいきましょう。ダウン症の子どもの言語発達には時間、努力、練習、そして忍耐が必要です。一緒に楽しみ、一緒に喜んであげましょう。

　コミュニケーションの習得にはどんな働きかけが必要かということを、これまでの15章で述べてきました。じっくりと各章を読み、活用してください。時間に余裕がなければ、まず次の11項目を読んで参考にしてください。

①地域の経験豊かな言語療法士を探しましょう。本を読んだり、勉強会に参加したりして、できるだけコミュニケーションに関する知識を集めてください。

②言語療法士と常に話し合って、家庭でいっしょにできることを教えてもらいましょう。言語療法士は言語についていろいろと教えてはくれますが、実生活での経験に勝るものはありません。

③子どもにたくさんの経験をさせてください。経験をことばにして相手に伝え、質問に答えるうちにコミュニケーションがうまくできるようになるのです。おつかいに行くと語彙が増え、料理や工作をしながら筋道を立てて考えることを学べます。

④たくさんのお手本を聞かせて、子どもに練習する機会を作ってあげましょう。「ワンちゃんはどこ？」と聞いて、子どもが犬を指さしたら、「ワンちゃん、そう、あれがワンちゃんだね」とことばで表現します。

⑤ことばを教えるというよりも、子どもとコミュニケーションをとるのだという意識を持ってください。特別に練習の時間をとるのではなく、日常生活に自然に取り入れるのです。

⑥ダウン症の子どもは感覚、運動、認知などの問題を持っているので、言語発達が遅れがちです。ことばに注意を引きつける工夫をして、できるだけ補ってあげましょう。話しかける前に、面白いものを見せたり、音を出したりします。話し声に集中できるようにテレビは消してください。まわりの雑音を取り除いてことばに注意させ、見て、聞いて、学べるようにします。

⑦どの段階でも、要求を伝えるためにコミュニケーション手段は必要です。子どもの必要に応じて、サイン言語や絵カード交換式コミュニケーション・システム（PECS）、コミュニケーションボード、ハイテクコミュニケーションエイド、話しことばを使います。子どもに必要なことも、できることも、時間とともに変化します。それに合わせて、常にいちばん有効な方法でコミュニケーションできるようにしてあげましょう。

⑧子どもが夢中になれるものをみつけましょう。お気に入りのおもちゃを活用すれば、学習がはかどります。

⑨感覚、運動、聴力に問題があれば適切に対処してください。言語はさまざまな基礎の上に成り立っていま

す。コミュニケーションの力を伸ばすためには、的確なサポートが必要です。

⑩結果が出るまでには長い時間がかかりますが、それだけの価値があるものだということを忘れないでください。小さな成功も一緒に喜び合いながら進んでいきましょう。

⑪可能性を信じてくれる人たちに囲まれて育つ環境を作ってあげてください。地域社会とのかかわりは、コミュニケーションに欠くことのできない大切なものです。

どのような道のりも小さな第一歩から始まります。今すぐにスタートしてください。そして、困った時、この本があなたの道しるべとして、少しでも助けになれば幸いです。

MEMO

付　録

ダウン症の子どものコミュニケーション評価ガイドライン

　言語療法は評価から始まります。ダウン症の子どもの話しことばと言語、コミュニケーション発達の各段階で必要な評価項目は以下の通りです。この結果に基づいて個別の言語療法計画が立てられます。

新生児期：誕生〜1か月

　新生児期に必要なコミュニケーションの評価は、聴覚スクリーニング検査と哺乳に関する評価です。聴覚スクリーニング検査は耳鼻咽喉科医によって行われます。哺乳の評価は摂食チームの摂食・嚥下の専門知識を持った言語療法士によって実施されます。

1. 聴覚スクリーニング検査（医学ガイドラインによる）
   - 聴性脳幹反応検査（ABR）
   - 耳音響放射検査
2. 哺乳／口腔運動機能評価
   - 問題が見られる場合は1か月以内に評価する
   - 吸啜、嚥下、呼吸の協調運動

乳児期：1〜12か月

1. 聴力検査（医学ガイドラインによる）
   - 聴性脳幹反応検査
   - 耳音響放射検査
   - 6か月ごとの聴力検査
2. 摂食／口腔運動機能評価
   - 摂食機能評価
   - 筋肉の強さ、運動の可動域、協調運動
3. 言語の基礎の評価
   - 語用論、言語、認知
   - トータル・コミュニケーションや拡大・代替コミュニケーション（8〜12か月に評価）

幼児期：1〜3歳

以下の評価を年に一度行います。

1. 口腔運動機能および感覚機能評価
   - 話しことばの基礎作りのための、筋力の強さ、運動の可動域、口腔の感覚の敏感さ、触覚防衛の評価
2. 摂食機能評価
   - 歯ごたえのある食品が食べられるかどうか
3. 言語評価
   - 語用論、言語、認知の評価
   - 移行期コミュニケーション・システムとしてのトータル・コミュニケーション、その他のAACの使用状況の評価
   - 語彙の獲得を促す方法について
   - 家族が積極的に関われる方法について
4. 話しことば、言語、口腔機能、摂食を含めたプログラムの立案
5. 半年ごとの聴力検査（医学ガイドラインによる）

幼児期：3〜5歳

言語療法を受けていなければ、以下の評価を年に一度行います。

1. 口腔運動機能評価
   - 話しことばの評価
   - 口腔運動機能の評価
   - 発達性発語失行の評価
2. 言語評価
   - 理解言語、表出言語の評価
   - 就学前に必要な言語概念
   - 読みの準備の評価
3. 少なくとも年に一度の聴力検査（医学ガイドラインによる）
4. 話しことば、言語、口腔運動機能、発達性発語失行を含めたプログラムの立案と、AACに関する評価

学童期：5〜12歳

言語療法を受けていなければ、以下の評価を年に一度行います。

1. 話しことばの評価
   - 口腔運動機能
   - 発話明瞭度

   　・発達性発語失行
   　・運動障害性構音障害
   　・舌突出
　2．言語評価
   　・学校で必要な言語
   　・過去の出来事を話す
   　・会話に必要な言語
   　・あいさつのことば
   　・読み書き
   　・コミュニケーションが困難なために起こる行動への影響
　3．少なくとも年に一度の聴力検査（医学ガイドラインによる）
   　・滲出性中耳炎と聴力低下の言語への影響の評価
   　・補聴器の使用や座席の工夫などの検討
　4．話しことば、言語、口腔運動機能、さらには拡大・代替コミュニケーションを含めた適切なプログラムの立案
　　機能的行動評価と支援計画立案の際にもコミュニケーションの問題を考慮する

ダウン症の子どもの言語療法ガイドライン（誕生から6歳まで）

I．誕生〜一語文期
A．感覚刺激
　1．聴覚
　2．視覚
　3．触覚
B．聞こえ、補聴器の調整
C．感覚統合
D．摂食（哺乳）指導
E．口腔運動機能
F．語用論
G．言語の基礎
H．移行期コミュニケーション・システム
　1．トータル・コミュニケーション
　2．コミュニケーションボード

3．絵カード交換式コミュニケーション・システム

4．ハイテクコミュニケーションエイド

II．一語文期〜多語文期

A．感覚統合

B．注意、遊び

C．語用論

D．語　彙

E．話す長さを伸ばす（ペーシングボードの使用）

F．口腔運動機能

G．コンピューターの使用

H．読みの学習を始める

III．プレスクール〜幼稚園

A．言語理解

　1．理　解

　2．概念形成

B．言語表出

　1．語　彙

　2．文　法

　3．話す長さを伸ばす

C．語用論

　1．まわりの人とのやり取り

　2．日常生活のなかでのコミュニケーション

　3．要　求

D．教室で必要な言語

E．話しことば

　1．構　音

　2．発話明瞭度

　3．口腔運動機能

　4．運動企画

F．読み書き

言語療法計画（始語まで）

名 前 _____ 生年月日 _____

目 標：言語発達に必要な感覚、運動、語用論、認知力を身につける

I. 語用論／言語
    A. 伝達意図 ☐   B. 話者交替 ☐
    C. 注意を引く ☐   D. 要 求 ☐
    E. 拒 否 ☐   F. 人とのやり取り ☐

II. 感覚入力／感覚統合
    A. 視 覚 ☐   B. 聴 覚 ☐
    C. 触 覚 ☐   D. 模 倣 ☐
    E. 運 動 ☐

III. 認知／言語
    A. 認 知 ☐   B. 指示関係の理解 ☐

IV. 話しことばの基礎
    A. 呼 吸 ☐   B. 摂 食 ☐
    C. 触 覚 ☐   D. 模 倣 ☐
    E. 口腔運動機能 ☐   F. 運動企画 ☐
    G. 音の産生 ☐

V. 移行期／拡大・代替コミュニケーション・システム
    A. サイン言語 ☐   B. コミュニケーションボード ☐
    C. PECS ☐   D. ハイテクコミュニケーションエイド ☐
    E. 補聴装置 ☐   F. その他 ☐ _____

VI. 必要な家族のサポート _____
_____

VII. 他科への紹介
    眼科医 ☐   耳鼻咽喉科医 ☐
    摂食指導の専門家 ☐   感覚統合の専門家 ☐
    臨床心理士 ☐   特殊教育の専門家 ☐
    作業療法士 ☐   小児科医 ☐
    神経科医 ☐   理学療法士 ☐
    その他 ☐ _____

Copyright 2003 Libby Kumin

言語療法計画（始語から6歳まで）

名　前 _____　　生年月日 _____

総合的な言語療法プログラムは以下の領域に焦点をあてて取り組みます。計画は子どもが今できること、学習スタイル、問題点、子どもの必要に応じて立ててください。

一語文期～多語文期
　　感覚統合 □
　　注意力および遊び □
　　語用論 □
　　語　彙 □
　　話す長さを伸ばす（ペーシングボードの使用）□
　　口腔運動機能 □
　　コンピューターの使用 □
　　読みの学習を始める □

プレスクール～幼稚園
　　言語理解
　　　　単語の理解 □
　　　　概念形成 □

　　言語表出
　　　　語　彙 □
　　　　文　法 □
　　　　話す長さを伸ばす □

　　語用論
　　　　まわりの人とのやり取り □
　　　　コミュニケーションの活発さ □
　　　　要　求 □
　　　　教室で必要な言語力 □

　　話しことば
　　　　構　音 □
　　　　発話明瞭度 □
　　　　口腔運動機能 □
　　　　運動企画 □
　　　　読み書き □

Copyright 2003 Libby Kumin

ダウン症の子どものための発話明瞭度評価

名　前 _____　　　　生年月日 _____

1．解剖学的（構造的）要因（口腔周辺の検査による）

2．生理学的（機能的）要因（口腔周辺の検査による）

3．口腔運動機能（問題点をそのまま記述する）

4．発達性発語失行（症状の列挙）

5．嚥下や摂食の特徴（記述）

6．聴力検査結果（耳鼻咽喉科からの報告）

7．構　音
　　　誤り音の数 _____
　　　誤り音（具体的に列挙）

8．音韻プロセス（具体的に列挙）

9．声
　　　大きさ
　　　小さすぎる □　　　大きすぎる □　　　一定でない □　　　不適切な大きさ □

　　　高　さ

　　　声質（記述）

10．共鳴（口腔と鼻腔の共鳴バランス）
　　　閉鼻声 □　　　開鼻声 □　　　その他 □ _____

11．速さ
　　　遅すぎる □　　　速すぎる □　　　速すぎたり遅すぎたり □　　　コントロールできない □

12．吃音について（記述）

13．プロソディ（記述）

14. 語用論的要因
    話題の持ち込み □　　話題の維持 □　　話題の変更 □
    社会的言語能力 □　　会話のスキル □　　過去の出来事について話す □
    その他 □ _____

15. 非言語的要因
    アイコンタクト：適切 □　　眼をそらす □　　その他 □ _____
    ジェスチャー：適切 □　　不適切 □
    表情：適切（メッセージの内容と合う）□　　不適切（メッセージの内容と合わない）□
    相手との距離：近すぎる □　　遠すぎる □　　その他 □ _____

16. 話の内容による明瞭度の違い（記述）
    あいさつ

    決まり文句、無意識に出ることば

    長く話す時

    内容が複雑な時

17. 環境的要因（第8章の例を参照）
    視覚的要因

    聴覚的要因

    聞き手による違い

18. その他

Copyright 2003 Libby Kumin

ダウン症の子どものための発話明瞭度指導計画

名 前 _____ 生年月日 _____

ダウン症の子どもの総合的な言語療法プログラムには以下への取り組みが必要です。

運動プログラム
- 口の筋力を強める □
- 摂食指導 □
- 舌突出／嚥下の問題 □

運動企画、協調運動
- 発達性発語失行 □
- 口腔失行 □

話しことば
- 構　音 □
- 音韻プロセス □
- 声の大きさ □
- 音　声 □
- 共　鳴 □
- 速さのコントロール □
- プロソディ □
- 吃　音 □

語用論／言語の運用
- 非言語的要因 □
- 明瞭度に影響を与える言語的要因 □
- 会話のスキル □
- 過去の出来事を話す □

支援に必要な機器
- 学校でのAAC □
- 日常生活でのAAC □
- 補聴器 □

必要なサポート
- スタッフが支援機器の使い方や設定の仕方のトレーニングを行う □
- スタッフが失行に対して視覚的、触覚的手がかりの出し方についてトレーニングを行う □
- その他のトレーニング _____
- 教室で必要な工夫 _____
_____

専門機関への紹介
- 耳鼻咽喉科医 □
- 臨床心理士 □
- 神経科医 □
- その他 □ _____
- 摂食指導の専門家 □

Copyright 2003 Libby Kumin

MEMO

参考文献・推奨文献

第2章　ダウン症の子どものことば

参考文献

Buckley, S. & Bird, G. (2001). Speech and language development for infants with Down syndrome. Portsmouth, UK: Down Syndrome Educational Trust.

Buckley, S. & Sacks, B, (2001). An overview of the development of infants with Down syndrome. Portsmouth, UK: Down Syndrome Educational Trust.

Cohen, W. (Ed.) (1999). Healthcare guidelines for individuals with Down Syndrome. Down Syndrome Quarterly, 4 (3).

Marder, E. & Dennis, J. (1997). Medical management of children with Down's syndrome. Current Paediatrics, 7, 1-7.

Roberts, J., Wallace, I. & Henderson, F. (Eds.) (1997). Otitis media in young children. Baltimore, MD: Paul H. Brookes Publishing.

Rosenfeld-Johnson, S. The oral-motor myths of Down syndrome. ADVANCE magazine, August 4, 1997.

Rosenfeld-Johnson, S. (1999). Oral-motor exercises for speech clarity. Tucson, AZ: Innovative Therapists International.

Rosenfeld-Johnson, S. & Money, S. (1999). The homework book. Tucson, AZ: Innovative Therapists International.

Shott, S.R., Joseph, A, & Heithaus, D. (2001). Hearing loss in children with Down syndrome. International Journal of Pediatric Otolaryngology 1: 61 (3); 199-205.

推奨文献

Disability Solutions: A Resource for Families and Others Interested in Down Syndrome and Related Disabilities
9220 SW Barbur Blvd., Ste, 119,
Portland, OR 97219.
www. disabilitysolutions. org
　　　A bimonthly newsletter. Each issue typically examines one issue related to Down syndrome in depth. Subscriptions are free or the newsletter can be read online.

Hanson, Marci (1987). Tacking the infant with Down syndrome. Austin, Texas: Pro-Ed. Provides many ideas in all areas of development.

Healthcare Guidelines far Individuals with Down Syndrome
www. denison.edu/dsq/health99/shtml and www.ds-health.com
　　　Guidelines were developed by physicians from the Down Syndrome Medical Interest Group (DSMIG) and are updated periodically. The guidelines address hearing testing, as well as health and medical issues. Excellent guidelines to share with your pediatrician or family doctor.

Segal, M. and Masi, W. (1998). Your child at play: Birth to one year. 2nd ed. New York: Newmarket Press.

Stray-Gundersen, Karen. (Ed.) (1995). Babies with Down syndrome: A new parents' guide. 2nd ed. Bethesda, MD: Woodbine House.
　　The classic overview for new parents about raising a child with Down syndrome, this book covers developmental, medical, educational, legal, family, and emotional issues.

Van Dyke, D.C, Mattheis, R, Eberly, S.S, & Williams, J. (Eds.) (1995). Medical and surgical care for children with Down syndrome: A guide for parents. Bethesda, MD: Woodbine House.

Winders, Patricia C. (1997). Gross motor skills in children with Down syndrome: A guide for parents and professionals. Bethesda, MD: Woodbine House.

第3章　赤ちゃんを迎えて一家は大忙し
推奨文献（感覚統合に関する）

Anderson, Elizabeth & Emmons, Pauline. (1996). Unlocking the secrets of sensory dysfunction: A resource for anyone who works with, or lives with, a child with sensory issues. Pt. Worth, TX: Future Horizons, 1996.

Kranowitz, Carol Stock & Silver, Larry. (1998). The out of sync child: Recognizing and coping with sensory integration dysfunction. New York: Perigee.

Kranowitz, Carol Stock. (2003). The out of sync child has fun: Activities for kids with sensory integration dysfunction. New York; Perigee.

Rosenfeld-Johnson, S. (1999). Oral-motor exercises for speech clarity. Tucson, AZ; Innovative Therapists International.

推奨文献（食事と栄養に関する）

Medlen, Joan. (2002). The Down syndrome nutrition handbook: A guide to promoting healthy lifestyles. Bethesda, MD: Woodbine House.

Morris, S.E. & Klein, MD. (2000). Pre-Feeding skills: A comprehensive resource for mealtime development Tucson, AZ: Communication Skill Builders,

第4章　最初のことばが出るまで：言語の前ぶれ
参考文献

Ayres, A.J. (1980). Sensory integration and the child. Los Angeles, CA: Western Psychological Publishers.

Ayres, A.J. & Mailloux, Z. (1981). Influence of sensory integration procedures on language development. The American Journal of Occupational Therapy, 35, 383-390.

Buckley, S. (1996). Reading before talking: Learning about mental abilities from children with Down's syndrome. University of Portsmouth Inaugural Lecture, Portsmouth, England.

Cohen, W. (Ed.) (1999). Healthcare guidelines for individuals with Down Syndrome. Down Syndrome Quarterly, 4 (3), 1-26.

Kumin, L., Councill C, & Goodman, M. (1998). Expressive vocabulary development in children with Down syndrome. Down Syndrome Quarterly, 3, 1-7,

Kumin, L. & Bahr, D.C. (1999). Patterns of feeding, eating, and drinking in young children with Down syndrome with oral motor concerns. Down Syndrome Quarterly, 4, 1-8.

Medlen, J. (2002). The Down syndrome nutrition handbook: A guide to promoting healthy lifestyles. Bethesda, MD: Woodbine House.

Roizen, N. (1997). Hearing loss in children with Down syndrome; A review. Down Syndrome Quarterly, 2, 1-4.

Roizen, N., Wolters, C., Nicol, T., & Blondis, T. (1992). Hearing loss in children with Down, syndrome. Pediatrics, 123, S 9-12.

Rosin, P. & Swift, E. (1999). Communication intervention: Improving the speech intelligibility of children with, Down syndrome. In J. Miller, M. Leady & L.A. Leavitt. Improving the communication of people with Down syndrome. Baltimore, MD; Paul H, Brookes.

Rosin, M., Swift, E., Bless, D, & Vetter, D.K. (1988). Communication profiles of adolescents with Down Syndrome. Journal of Childhood Communication Disorders, 12, 49-64.

Shott, S.R. (2000). Down syndrome: Common pediatric ear, nose, and throat problems. Down Syndrome Quarterly, 5, 1-6.

推奨文献

Bruni, Maryanne. (1998). Fine motor skills in children with Down syndrome; A guide for parents and professionals, Bethesda, MD: Woodbine House.

　　Many fine motor skills, such as pointing and feeding, are intertwined with early communication skills, and this book does a fine job explaining the issues and suggesting activities to help with development of those skills.

Manolson, Ayala (1992). It takes two to talk: A parent's guide to helping children communicate. Toronto; Hanen Centre.

Schwartz, S. & Miller J. The new language of toys; Teaching communication skills to children with special needs. 2nd edition, Bethesda, MD: Woodbine House, 1996.

第5章　一語文期
参考文献

Acredolo, L. & Goodwyn, S. (1996). Baby signs. Chicago, IL: Contemporary Books.

Buckley S. (2000), Speech and language development for individuals with Down syndrome; An overview. Portsmouth, UK: Down Syndrome Educational Trust.

Buckley, S, & Bird, G. (2001). Speech and language development for infants with Down syndrome. Portsmouth, UK: Down Syndrome Educational Trust.

Buckley, S. & Sacks, B. (2001). An overview of the development of infants with Down syndrome, Portsmouth, UK: Down Syndrome Educational Trust.

Bondy, A. & Frost, L. (2001). A picture's worth: PECS and other visual communication strategies in autism. Bethesda, MD: Woodbine House.

Derr, J.S. (1983). Signing vs. silence, Exceptional Parent, 13 (6), 49-52.

Gibbs, E.D. & Carswell, L. (1991). Using total communication with young children with Down syndrome: A literature review and case study. Early Childhood and Development, 2, 306-320.

Kouri, T. (1989). How manual sign acquisition related to the development of spoken language; A case study. Language, Speech and Hearing Services in Schools, 20, 50-62.

McVay, P., Wilson, H. & Chiotti, L. (2003). "I see what you mean!" Using visual tools to support student learning. Disability Solutions, 5, 1-15.

Strode, R. & Chamberlain, C. (1995). Easy does it for apraxia and motor planning: Preschool Moline, IL: LinguiSystems.

Strode, R. & Chamberlain, C. (1993). Easy does it for apraxia and motor planning. Moline, IL: LinguiSystems.

推奨文献

Baker, P.J. (1986). My first book of sign, Washington, DC: Gallaudet University Press.

Bornstein, H., Saulnier, K. & Hamilton, L. (1983). The comprehensive Signed English dictionary. Washington, DC; Clerc (Gallaudet University).

Bornstein, H. & Saulnier, K. (1984). The Signed English starter. Washington, DC: Clerc (Gallaudet University).

Bornstein, H. & Saulnier, K. (1988). Signing: Signed English basic guide. New York: Crown Publishing.

Gibbs, B. & Springer, A. (1995). The Early Use of Total Communication: An introductory guide for parents (pamphlet and video). Baltimore, MD: Paul H. Brookes.

Simplified Signs Website: www.simplifiedsigns.org
　　Website provides pictures of signs from this simple sign system which can be easily understood. The signs are designed more for the vocabulary used by adults with neurological disorders, rather than the signs needed by infants and toddlers.

第6章　二語文期・三語文期

参考文献

Chamberlain, C. & Strode, R. (2000). For parents and, professionals: Down syndrome. East Moline, IL: Lingui Systems.

Kumin, L., Councill, C. & Goodman, M. (1999). Expressive vocabulary in young children with Down syndrome: From research to treatment. Infant-Toddler Intervention, 87-100.

Kumin, L, Councill, C. & Goodman, M. (1998). Expressive vocabulary development in children with Down syndrome. Down Syndrome Quarterly, 3, 1-7.

Mervis, C. (1997). Early lexical and conceptual development in children with Down syndrome. Presented at the National Down Syndrome Society International Down Syndrome Research Conference on Cognition and Behavior, November, 1997.

Oliver, B. & Buckley S. (1994). The language development of children with Down syndrome: First words to two-word phrases. Down Syndrome Research and Practice, 2, 71-75.

Rondal, J.A. (1988). Language development in Down's syndrome: A lifespan perspective. International Journal of Behavioral Development, 11, 21-36.

第7章　言語を支える二本の柱：語彙と文法
参考文献

Barrett, M.N. & Diniz, F. (1988). Lexical development in mentally handicapped children. In Beveridge, M., Conti-Ramsden, G. & Leader, I. (Eds), Language, communication and mentally handicapped people. New York, NY: Chapman and Hall, 2-32.

Berglund, E. Eriksson, M. & Johansson, I. (2001). Parental reports of spoken language skills in children with Down syndrome. Journal of Speech, Language and Hearing Research, 44, 179-191.

Brown, Roger W. (1973). A first language: The early stages. Cambridge, MA: Harvard University Press.

Buckley, S. (1993). Developing the speech and language skills of teenagers with Down syndrome. Down Syndrome Research and Practice, 1 (2), 63-71.

Buckley, S. et. al (1986). The Development of Language and Reading Skills in Children with Down's Syndrome. Portsmouth, England: Portsmouth Polytechnic Institute.

Buckley, S. (1995). Improving the expressive language skills of teenagers with Down syndrome. Down Syndrome Research and Practice, 3 (3), 110-115.

Buckley S. (1993). Language development in children with Down's syndrome: Reasons for optimism. Down's Syndrome: Research and Practice, 1, 3-9.

Buckley, S. (1996). Reading before talking; Learning about mental abilities from children with Down's syndrome. University of Portsmouth Inaugural Lecture, Portsmouth, England.

Buckley, S. (2000). Speech and language development for individuals with Down syndrome: An overview. Portsmouth, UK: Down Syndrome Educational Trust.

Buckley, S. & Pennanen, T. (in press). Profiles of early language development for children with Down syndrome; The link between vocabulary size and grammar. Down Syndrome: Research and Practice.

Cardoso-Martins, C., Mervis, CB. & Mervis, C.A. (1985). Early vocabulary acquisition by children with Down syndrome. American Journal of Mental Deficiency, 90, 177-184.

Fowler, A.E. (1995). Linguistic variability in persons with Down syndrome: research and implications. In Nadel, L. & Rosenthal, D. (Eds.) Down syndrome; Living and learning in the community. New York: Wiley-Liss, 121-131.

Gillham, B. (1979). The first words language programme; A basic language programme for mentally handicapped children. London; George Allen & Unwin.

Kumin, L, Councill, C. & Goodman, M. (1999). Expressive vocabulary in young children with Down syndrome: From research to treatment. Infant-Toddler Intervention 87-100.

Kumin, L, Councill, C. & Goodman, M. (1998). Expressive vocabulary development in children with Down syndrome. Down Syndrome

Quarterly, 3, 1-7.

Kumin, L., Goodman, M. & Councill, C. (1991). Comprehensive communication intervention, for infants and toddlers with Down syndrome. Infant-Toddler Intervention, 1, 275-296.

Mervis, C. (1997). Early lexical and conceptual development in children with Down syndrome. Presented at the National Down Syndrome Society International Down Syndrome Research Conference on Cognition and Behavior, November 1997.

Miller, J.F. (1995). Individual differences in vocabulary acquisition in children with Down syndrome. Progress in Clinical and Biological Research, 393, 93-103.

Miller, J.F. (1992). Lexical development in young children with Down syndrome. In Chapman, R. (Ed.), Processes in language acquisition and disorders. St. Louis, MO: Mosby Year Book.

Miller, J.F. (1988). Developmental asynchrony of language development in children with Down syndrome. In Nadel, L. (Ed,), Psychobiology of Down Syndrome. New York, NY; Academic Press.

Miller, J., Sedey, A. & Miolo, G. (1995). Validity of parent report measures of vocabulary development for children with Down syndrome. Journal of Speech and Hearing Research, 38, 1037-1044.

Oliver, B. & Buckley, S. (1994). The language development of children with Down's syndrome: First words to two-word phrases. Down's Syndrome: Research and Practice, 1-4.

Rondal, J.A. (1978). Maternal speech to normal and Down's syndrome children matched for mean length of utterance. In Myers, C.E. (Ed.) Quality of life, in severely and profoundly mentally retarded people: Research foundations far improvement Washington, DC: American Association on Mental Deficiency.

Rondal J.A, & Edwards, S. (1997). Language in mental retardation: London: Whurr Publishers.

Rutter, T. & Buckley, S. (1994). The acquisition of grammatical morphemes in children withDown's syndrome. Down Syndrome Research and Practice, 2, 76-82.

Strode, R. & Chamberlain, C. (1995). Easy does it far apraxia and motor planning: Preschool Moline, IL: LinguiSystems,

Strode, R. & Chamberlain, C. (1993). Easy does it far apraxia and motor planning. Moline, IL: LinguiSystems.

第9章　ことばの音を学ぶ：構音と文法
参考文献

Bleile, K. (1982). Consonant ordering in Down's syndrome phonology. Journal of Communication Disorders, 15, 275-285.

Bleile, K. &, Schwarz, I. (1984). Three perspectives on the speech of children with Down's syndrome. Journal of Communication Disorders, 17, 87-94.

Desai, S.S. (1997). Down syndrome: A review of the literature. Oral Surgery Oral Medicine Oral Pathology, 84, 279-285.

Dodd, B. (1977). A comparison of the phonological systems of mental age matched, normal, severely subnormal and Down's Syndrome children. British Journal of Disorders of Communication, 1, 27-42.

Hodson, B, & Paden, E. (1991). Targeting intelligible speech; A phonological approach to remediation. 2nd ed. Austin, TX: PRO-ED.

Kumin, L. (1999). Comprehensive speech and language treatment for infants, toddlers, and children with Down syndrome. In Hassold, T.J., Down syndrome: A promising future, together, 145-53. New York, Wt. Wiley-Liss.

Kumin, L. (1996). Speech and language skills in children with Down syndrome. Mental Retardation and Developmental Disabilities Research Reviews, 2, 109-116.

Kumin, L., Councill, C. & Goodman, M. (1994). A longitudinal study of the emergence of phonemes in children with Down syndrome. Journal of Communication Disorders, 27, 265-275.

Kumin, L., Councill, C. & Goodman, M. (1998). Expressive vocabulary development in children with Down syndrome. Down Syndrome Quarterly, 3, 1-7.

Kumin, L. (2002a). Maximizing speech and language in children and adolescents with Down syndrome. In Cohen, W, Nadel, L & Madnick, M. (Eds.). Down syndrome: Visions for the 21st century, 403-15. New York, NY: Wiley-Liss.

Kumin, L. (2002b). Why can't you understand what I am saying; Speech intelligibility in daily life. Disability Solutions, 5 (1), 1-15.

Kumin, L. (2002c). You said it just yesterday, why not now? Developmental apraxia of speech in children and adults with Down syndrome. Disability Solutions, 5 (2), 1-16.

Kumin, L & Adams, J. (2000). Developmental apraxia of speech and intelligibility in children with Down syndrome. Down Syndrome Quarterly, 5, 1-6.

Kumin L., Councill, C. & Goodman, M. (1995). The pacing board: A technique to assist the transition from single word to multiword utterances. Infant-Toddler Intervention, 5, 23-29

Mackay, L. & Hodson, B. (1982). Phonological process identification of misarticulations of mentally retarded children. Journal of Communication Disorders, 15, 243-250.

Moran, M.J., Money, S.M. & Leonard, D.A. (1984). Phonological process analysis of the speech of mentally retarded adults. American Journal of Mental Deficiency, 89, 304-306.

Rosin, M., Swift, E., Bless, D. & Vertex; D.K. (1988). Communication profiles of adolescents with Down Syndrome. Journal of Childhood Communication Disorders, 12, 49-64.

Smit, A., Hand, L, Freilinger, J., Berethal, J., & Bird, A. (1990). The Iowa Articulation Norms Project and its Nebraska replication. Journal of Speech and Hearing Disorders, 55, 795.

Smith, B.L., & Stoel-Gammon, C. (1983). A longitudinal study of the development of stop consonant production in normal and Down's syndrome children. Journal of Speech and Hearing Disorders, 48, 114-118.

Sommers, R.K., Patterson, J.P. & Wildgen, EL. (1988). Phonology of Down syndrome speakers, ages 13-22. Journal of Childhood Communication Disorders, 12, 65-91.

Stoel-Gammon, C. (1980). Phonological analysis of four Down's syndrome children. Applied Psycholinguistics; 1, 31-48.

Stoel-Gammon. C. (1997). Phonological development in Down syndrome. Mental Retardation and Developmental Disabilities Research

Reviews, 3, 300-306.

Van Borsal, J. (1996). Articulation in Down's syndrome adolescents and adults. European Journal of Disorders of Communication, 31, 425-444.

推奨文献および教材（子どもの発語失行に関する）

Marshalla, P. (2001). Becoming verbal with childhood apraxia. Kirkland, WA: Marshalla Speech and Language. Available through Super Duper Publications, 800-277-8737.

Strode, R. & Chamberlain, C. (1995). Easy does it for apraxia and motor planning; Preschool Moline, IL: LinguiSystems.

Strode, R. & Chamberlain, C. (1993). Easy does it for apraxia and motor planning. Moline, IL: LinguiSystems.
Time to Sing. Available from the Pittsburgh Symphony, 412-392-3313, and Super Duper Publications, 800-277-8737.
　　This is a CD of familiar children's songs played and sung more slowly than usual. This helps enable children with apraxia to sing along.

Velleman, S.L. (2002). Childhood apraxia. of speech resource guide. New York: Singular Publishing.

推奨文献および教材（口の運動に関する）

Mackie, E. (1996). Oral-motor activities for young children. Moline, IL: LinguiSystems.

Oetter, E & Richter, E. (1995). Motor Oral Respiration Eyes (MORE) - Integrating the mouth with sensory and postural functions. 2nd ed. Hugo, MM: PDP Products.

Rosenfeld-Johnson, S. (1999). Oral-motor exercises for speech clarity, Tucson, AZ: Innovative Therapists International.

Rosenfeld-Johnson, S. & Money, S. (1999). The homework book, Tucson, AZ: Innovative Therapists International.

第10章　語用論：生きたコミュニケーション

参考文献

Attwood, A. (1988). The understanding and use of interpersonal gestures by autistic and Down's syndrome children. Journal of Autism and Developmental Disorders, 18, 241-257.

Capone, G.T. (1999). Down syndrome and autism spectrum disorders: A look at what we know. Disability Solutions 3:8-15, 1999. Special issue devoted to dual diagnosis. (Can be downloaded from the website, www.disabilitysolutions. org)

Cullinan, D., Sabornie, E.J, & Crossland, C.L. (1992). Social mainstreaming of mildly handicapped students. The Elementary School Journal, 92, 339-351.

Gallagher, T. & Prutting, C. (Eds.) (1983). Pragmatic assessment and intervention issues in language. San Diego, GA: College-Hill Press.

Guramick, MJ. (1995). Peer-related social competence and inclusion of young children. In Nadel, L. & Rosenthal, D. (Eds,), Down syndrome: Living and learning in the community, 147-53. New York: Wiley-Liss.

Leifer, J.S, & Lewis, M, (1964). Acquisition of conversational response skills by young Down syndrome and nonretarded young children. American Journal of Mental Deficiency, 88, 610-618.

Loveland, K.A. & Tunali, B. (1991). Social scripts for conversational interactions in autism and Down syndrome. Journal of Autism and Developmental Disorders, 21, 177-186.

Loveland, K.A., Tunali, B., McEvoy, R.E. & Kelley; M. (1989). Referential communication and response adequacy in autism and Down's syndrome. Applied Psycholinguistics, 10, 301-313.

MacDonald, J. (1989). Becoming partners with children: From play to conversation. Chicago: Riverside.

Mundy, P, Sigman, M., Kasari, C. & Yirmiya, N. (1988). Nonverbal communication skills in Down syndrome children. Child Development, 59, 235-249.

Patterson, B. (1999). Dual diagnosis: The importance of diagnosis and treatment. Disability Solutions 3, 16-17.

Wolpert, G. (1996). The educational challenges inclusion study. New York, NY: National Down Syndrome Society.

推奨文献（自閉症に関する）

Bondy, A, & Frost, L. (2001). A picture's worth: PECS and other visual communication strategies in autism. Bethesda, MD: Woodbine House.

Capone, George. T. (1999). Down syndrome and autism spectrum disorders; A look at what we know. Disability Solutions 3, 8-15. Special issue devoted to dual diagnosis. (Can be downloaded from the website, www. disabilitysolutions.org)

McClannahan, Lynn E. & Krantz, Patricia J. (1999). Activity schedules for children with autism: Teaching independent behavior. Bethesda, MD: Woodbine House.

Patterson, Bonnie. (1999). Dual diagnosis: The importance of diagnosis and treatment. Disability Solutions 3, 1647. (Can be downloaded from the website, www.disabilitysolutions.org)

Powers, Michael D. (2000), Children with autism: A parents' guide. Bethesda, MD: Woodbine House.

第11章　話しことばを使わないコミュニケーション：拡大・代替コミュニケーション（AAC）
参考文献

Beukelman, D. & Mirenda, E. (1998). Augmentative and alternative communication: Management of severe communication disorders in children and adults. 2nd ed. Baltimore: Paul H. Brookes.

Blackstone, S, & Bruskin, D. (Eds.) (1986). Augmentative communication: An introduction. Rockville, MD: American Speech-Language-Hearing Association.

Bondy, A. & Frost, L. (2002). A picture's worth: PECS and other visual communication strategies in autism. Bethesda, MD: Woodbine House.

Burkhart, L. (1987). Using computers and speech synthesisers to facilitate communication interaction with young and/or severely handicapped children. Wauconda, IL; Don Johnston.

DeBruyne, S. & Noecker, J. (1996). Integrating computer into a school and therapy program. Closing the Gap, 14, 31-36.

Kefauver, L. (1998). Computer applications in speech-language therapy, Advance, 25, 23-25.

Light, J. & Binger, C. (1998). Building communicative competence with individuals who use augmentative and alternative communication. Baltimore, MD: Paul H. Brookes.

Meyers, L. (1988). Using computers to teach children with Down syndrome spoken and written language skills. In L. Hadel (Ed.), The Neurobiology of Language. Cambridge, MA: M.I.T. Press.

Meyers, L. (1994). Access and meaning: The keys to effective computer use by children with language disabilities. Journal of Special Education Technology, 12, 257-75.

Musselwhite, C.R. & Louis, K.W. (1982). Communication programming for the severely handicapped: Vocal and non-vocal strategies. San Diego, CA: College-Hill Press.

Reichle, J., York, J. & Sigafoos, J. (1991). Implementing augmentative and alternative communication; Strategies for learners with severe disabilities. Baltimore, MD: Paul H. Brookes.

Robinson, Jr., J. L., Cole, P.A., & Kellum, G.D. (1996). Computer information retrieval systems as a clinical tool. American Journal of Speech-Language-Pathology. 5:3, Aug. 1, 1996, 24-30.

Romski, M A. & Sevcik, R.A. (1996). Breaking the speech barrier: Language development through augmented means. Baltimore, MD: Paul H. Brookes.

Steiner, S. & Larsen, VL. (1994), Integrating microcomputers into language intervention. In Butler KG. Best Practices It The Classroom as an Intervention Context. Gaithersburg, MD: Aspen Publishers.

推奨文献

Alliance for Technology Access (2002). Computer and web resources for people with disabilities; A guide to exploring today's assistive technology. 3rd ed. Alameda, CA; Hunter House Publishers.
    If you buy one book, this is the one. Excellent comprehensive discussions; extensive resource lists of organizations, conferences, publications, telecommunications resources, and databases.

Closing the Gap, P.O. Box 68, Henderson, MN 56004, 612-248-3294.
Web site: www.closingthegap.com
    Publishes a comprehensive annual directory and guide to the selection of microcomputer technology for children and adults with special needs in February/March. (See listing in Resource Guide.)

第12章　言語の評価

参考文献

Fuchs, D., Fuchs, L. Powers, M. & Dailey; A. (1985). Bias in the assessment of handicapped children. American Educational Research Journal, 22, 185-197.

推奨文献

Anderson, W., Chitwood, S. & Hayden, D. (1997). Negotiating the special education maze: A guide for parents and teachers, 3rd ed. Bethesda, MD: Woodbine House.

Wright, P.W.D. & Wright, P.D. (1999). Wrightslaw: Special education law. Hartfield, VA: Harbor House law Press.

第13章　言語療法の実際
参考文献

Kumin, L. (2001). Classroom language skills for children with Down syndrome: A guide for parents and teachers. Bethesda, MD: Woodbine House.

Rosin, P. & Swift, E. (1999). Communication interventions: Improving the speech intelligibility of children with Down syndrome. In J. Miller, M. Leddy, & LA. Leavitt (Eds.). Improving the communication of people with Down syndrome, 133-159. Baltimore, MD: Paul H. Brookes.

推奨文献

Kumin, L. (2002). Maximizing speech and language in children and adolescents with Down syndrome. In Cohen, W, Nadel, L. & Madnick, M. (Eds.). Down syndrome: Visions for the 21st century, 403-15. New York, NY; Wiley-Liss.

Kumin, L. (2002). Starting out: Speech and language intervention for infants and toddlers with Down syndrome. In Cohen, W, Nadel, L. & Madnick., M. (Eds.). Down syndrome: Visions for the 21st century, 391-402. New York, NY; Wiley-Liss.

Kumin, L. (1999). Comprehensive speech and language treatment for infants, toddlers, and children with Down syndrome. In Hassold, T.J. & Patterson, D. Down syndrome: A promising future, together, 145-53. New York, NY: Wiley-Liss.

Kumin, L. (1996). Speech and language skills in infants and toddlers with Down syndrome. New York; National Down Syndrome Society. Available on the NDSS website: www.ndss.org

Kumin, L., Goodman, M. & Councill, C. (1996). Comprehensive speech and language intervention for school-aged children with Down syndrome. Down Syndrome. Quarterly, 1, 1-8.

Kumin, L., Goodman, M. & Councill, C. (1991). Comprehensive communication intervention for infants and toddlers with Down syndrome. Infant-Toddler Intervention, 1, 275-296.

MacDonald, J. (1989). Becoming partners with children: From play to conversation, Chicago: Riverside.

Manolson, A. (1992). It takes two to talk. Toronto; Hanen Centre.

Miller, J.P., Leddy, M. & Leavitt, LA. (1999). Improving the communication of people with Down syndrome. Baltimore, MD: Paul H. Brookes.

Schwartz, S. & Miller, J. (1996). The new language of toys: Teaching communication skills to specialneeds children, 2nd ed. Bethesda, MD: Woodbine House.

第14章　読み書きと言語
参考文献

Bochner, S., Outhred, L. & Pieterse, M. (2001). A study of functional literacy skills in young adults with Down syndrome. International Journal of Disability, Development and Education, 48, 67-90.

Buckley, S. (2001). Reading and writing for individuals with Down syndrome; An overview, Portsmouth, England: The Down Syndrome Educational Trust.

Buckley, S. (1995). Teaching children with Down syndrome to read and write. In Nadel, L. & Rosenthal, D. (Eds.), Down Syndrome; Living and Learning in the Community, 158-69. New York: Wiley-Liss.

Buckley, S. (1993). Developing the speech and language skills of teenagers with Down's syndrome. Down's Syndrome: Research and Practice, 1, 63-71.

Buckley, S. (1984). Reading and language development in children with Down's syndrome: A guide for parents and teachers. Portsmouth, England: Down's Syndrome Project.

Buckley, S. & Bird, G. (1993). Teaching children with Down's syndrome to read. Down's Syndrome; Research and Practice, 1, 34-41. Available online at www.down-syndrome.net/library/periodicals/dsrp/01/034/

Buckley, S., Bird, G. & Byrne, A. (1996). The practical and theoretical significance of teaching literacy skills to children with Down syndrome. In Jean Rondal and Juan Perera (Eds.), Down Syndrome; Psychological, Psychobiological and Socioeducational Perspectives, 119-28. London: Whurr Publishers.

Elkins, J. & Farrell, M. (1994). Literacy for all? The case of Down syndrome. Journal of Reading 38, 270-280.

Fitzgerald, J., Roberts, J., Pierce, P & Schuele, M. (1995). Evaluation of home literacy environment: An illustration with preschool children with Down syndrome. Reading & Writing Quarterly: Overcoming learning Difficulties, 11, 311-334.

Fowler, A.E., Doherty; BJ. & Boynton, L. (1995). Basis of reading skill in young adults with Down syndrome. In Nadel, L. & Rosenthal, D. (Eds.), Down Syndrome; Living and Learning in the Community, 121-31. New York: Wiley-Liss.

King-DeBaun, P. Baby's brain starting out smart! A parent's guide to the literacy and language connection. Park City, UT: Creative Communicating.

King-DeBaun, P. (1999). Storytime revised: Stories, symbols, and emergent literacy activities for young special needs children. Park City, UT: Creative Communicating.

Laws, G., Buckley, S.J., Bird, G., MacDonald, J. & Broadley, I. (1995). The influence of reading instruction on language and memory development in children with Down's syndrome. Down's Syndrome Research and Practice, 3, 59-64.

Lorenz, S., Sloper, T. & Cunningham, C. (1985). Reading and Down's syndrome. British Journal of Special Education, 12, 65-67.

Love and Learning Series. P. O. Box 4088, Dearborn, MI 48126-4088. 313-581-8436. www.loveandlearning.com

Oelwein, P. (1995). Teaching reading to children with Pawn syndrome: A guide for parents and teachers. Bethesda, MD; Woodbine House.

推奨文献

Buckley, S. & Bird, G. (1993). Teaching children with Down's syndrome to read. Down's Syndrome: Research and practice, 1, 34-41. Available online at www. down-syndrome.net/library/periodicals/dsrp/0I/1/034

Kelly, J. & Friend, X (1995). Hands-on reading. Solano Beach, CA: Mayer-Johnson.

King-DeBaun, P. (1990). Storytime. Acworth, GA: Pati King-DeBaun.

Lockhart, B.M. (1992). Read to me, talk with me. Tucson, AZ: Communication Skill Builders.

Pleura, R.E. & DeBoer, C.J. (1995). Story making: Using predictable, literature to develop communication. Eau Claire, WI; Thinking Publications.

Reading Together Red: Beginnings, Age 2+ (1999). Cambridge, MA: Candlewick Press.

Reading Together Yellow: First Steps, Age 3+ (1999). Cambridge, MA: Candlewick Press.

Reading Together Blue: Next Steps, Age 4+ (1999). Cambridge, MA: Candlewick Press.

Trelease, J. (2001). The Read-aloud handbook. 5th ed. New York: Penguin Books.

第15章　学校と地域でのコミュニケーション
参考文献

Crimmins, D.B. Positive behavioral support: Analyzing, preventing, and replacing problem behaviors. In Hassold, T. & Patterson, D., (Eds.). Down Syndrome: A Promising Future together 127-32. New York: Wiley-Liss.

Kumin, Libby (2001). Classroom language skills for children with Down syndrome: A guide for parents and teachers. Bethesda, MD: Woodbine House.

推奨文献

Kliewer, Christopher (1998). Schooling children with Down syndrome: Toward an understanding of possibility. New York teacher's College Press.

Staub, Debbie (1998). Delicate threads: Friendships between Children with and without special needs in inclusive settings. Bethesda, MD: Woodbine House.

翻訳者あとがき

　2004年の春から始めた翻訳が、ようやく本書『ダウン症の子どもがいきいきと育つ　ことばとコミュニケーション』として出版できることになり、ほっとしています。私は自分の小児科クリニックで診療するかたわら、子どもたちのことばの相談にのってきました。日本福祉教育専門学校で言語聴覚療法学科の学生に小児科学を教えていますが、ダウン症のことばの講義は行っていませんでした。この本を翻訳するきっかけとなったのは、翻訳者の一員でもある矢崎真一さん一家に、凛くんが生まれたことでした。

　凛くんがダウン症だというメールをもらってから、学生たちと一緒に、年に数回、石垣島に住む凛くんに会いに行って、成長の様子をビデオに撮らせてもらいました。そこで、ダウン症の子どものことばについて、私たちは何も知らないことに気づいたのです。父親として言語聴覚士として、矢崎さんがインターネットを通じて手に入れた原著『Early Communication Skills for Children with Down Syndrome』の日本語訳が、以後、私たちの課題となりました。これは、やはり学生たちとともに、1997年から二人の女の子のことばの成長を撮影してきた記録映像「げんごろう」活動の延長にあったので、この試みを「げんごろう2」と名づけました。

　毎月一回、木曜日の夜に集まって、こつこつと一字一句の意味について話し合いました。全員で取り組んでいたのではなかなかまとまらないので、途中からは言語聴覚士の烏野幹夫さん、看護師の中元則子さんと私がまとめ役になってグループを作り、分担して進めました。その後、毎年入学してくる言語聴覚療法学科の学生有志で、この「げんごろう2」の活動に参加してくれた人は50名近くにのぼりましたが、現在は多くのメンバーが臨床の第一線で活躍しています。もちろん、すでに現場で仕事をしていたメンバーも参加してくれました。終盤のまとめの段階では、四日市市に住む尾本友世さんに加わってもらったことが、大きな力になりました。

　著者のクミンさんはアメリカでダウン症センターを創設し、言語療法士としてダウン症の人たちと広く長くかかわってこられた先輩です。私たちはこの本からたくさんのことを学びました。詳しくは本文を読んでいただければわかることですが、いくつかの点について紹介します。

　この本はダウン症の子どもを授かった両親の子育てガイドブックです。私は、ことばを育てるとは、子どもを育てることだと、日頃から思っています。この本ではダウン症の子どもが生まれてから幼児期までに、家庭や幼稚園、保育園でどんなことに気をつけて育てていったらいいか、経験に基づいて詳しく書かれています。各章にふんだんに散りばめられている「いっしょにやってみよう」では、ことばを育てる遊びが具体的に提案されています。

　アメリカでは全障害者教育法が実施されて、多くのダウン症の子どもが乳幼児期から成人するまで、地域の皆と一緒に集団生活をおくっています。その中では誰もが楽しくコミュニケーションをとることが当たり

前になっています。どうしても親はダウン症の子どもを専門家に委ねて、他の子どもたちに追いつかせようと思いがちです。ありのままの自分を大切にしながら、皆と生活するためのノウハウは、日本の子育てと教育が今後進んで行く方向として参考になります。

　医師をはじめとする専門家は、親にダウン症であると知らせる時、どのように育てたらいいか尋ねられます。「赤ちゃん体操」は、日本で数十年前から行われてきましたが、ことばの育て方についてはあまり注意を向けられてきませんでした。この本はクミンさんの実践の集大成ですから、専門家にとっても読みがいのある内容になっています。

　「ダウン症の子どもは話せることばが少なくても、もっと多くのことばを理解している」と、クミンさんは繰り返し述べています。ことばで話せなくても、動作や指さしとサイン言語、時にはパソコンなどを使って表現する方法を早く見つけてあげましょうと言っています。これまで私たちが幼いダウン症の子どもには勧めてこなかった点でした。

　ダウン症の人たちの中には、成人してもことばを話さない人もいますが、相手と通じ合いたい気持ちは誰もが持っています。原著の改訂版が発刊されたのは2003年です。この間、日本でもベビーサインが注目され、パソコンを活用した代替コミュニケーション機器が開発されてきました。話しことばだけにこだわらず、コミュニケーションを楽しむことに、もっと工夫をこらしていきたいものです。

　ダウン症の子どもは、ことばの発音に苦労する場合が多いのですが、「ダウン症だから仕方がないとあきらめていけない」とクミンさんは言います。精力的に実態調査を行い、発音がはっきりしないさまざまな原因を見いだし、その原因に即して対応する方法を提案しています。「いっしょにやってみよう」には、ことば遊びの勧めが記されています。学校へ行ってからは、先生と個人的に発音練習をするだけでなく、通じにくければ代替コミュニケーションを使って、クラスの友だちや地域の大人とのコミュニケーションを大事にするように書かれています。

　ダウン症の子どもが文字を学ぶのは難しいと思われていた時代がありました。ダウン症の子どもの親が開発した文字学習の方法が、現在では広く使われています。ダウン症の子どもは見て覚えるほうが得意なことに気づいた研究者は、文字を教える方法を考案し提唱しています。ここ数十年間のダウン症の人たちを取り巻く歴史の厚みを感じさせられます。

　出版を前に、原稿を整理する段階になって、私たちは壁にぶつかりました。アメリカで書かれた本を日本の読者に活用してもらうにはどうしたらいいのか。特に文字と文法は、日本語と英語では異なります。英語まじりの翻訳文は、スーッとは読み進めません。また、社会習慣も違います。編集者の今中さんの勧めもあって、アメリカと日本の教育事情、日本語の文法や文字学習などについて、翻訳者によるコラムを書くことにしました。また訳注では、すぐに何でも相談できる日本ダウン症協会の連絡先、身近で手に入る育児用品、手遊び歌、絵本、コミュニケーション機器や学習ソフトとそれを取り扱っている会社のホームページなどを紹介しています。これらの内容について、不十分な点がありましたら、ぜひご指摘ください。今後とも、使いやすく役立つ内容を深めていきたいと思っています。

各章の内容を正確に日本語訳するために、多くの方々にお世話になりました。第2章の聴覚に関する記載は、国立障害者リハビリテーションセンター病院リハビリテーション部の氏田直子さんに、第8章と第9章の構音については、社会福祉法人聖ヨハネ会桜町病院リハビリテーション科の長山千佳さんにご意見をいただきました。また、アメリカの教育事情については、カリフォルニア州サンディエゴの学校で言語聴覚士をしている星出順子さんに、全障害者教育法をはじめとするアメリカの法律・教育制度については、翻訳家の青海恵子さんと愛知みずほ大学の一木玲子さんに問い合わせ、教えていただきました。さらに翻訳内容と語句の使い方などについて、長谷川知子さんをはじめ日本ダウン症協会の理事の方々に意見をいただきながら、適切な訳語を見いだす努力をしました。みなさんからの厳しい指摘と意見が、私たちの糧となりましたことを感謝いたします。読者のみなさま方も、気づかれた点がありましたら、どうぞ遠慮なくご連絡ください。

　クミンさんによる原著では、アメリカの子どもたちの写真がページを飾っていました。本書には、私たちがビデオ撮影に通った石垣島の子どもたちに登場してもらいました。昨年の3月まで撮影した凛くんと、石垣島の子どもたちの映像は『ゆっくり大きくなっていこう：ダウン症の子どもの成長とことば』というタイトルをつけDVDを作成しています。笑顔がはじける写真を撮ってくれた矢崎真一さんと石垣島のみなさん、どうもありがとうございました。

　メディカ出版の編集者である今中桂子さん、私が住んでいる東京と出版社のある大阪の距離は遠く、私が2010年9月からはモンゴル大学に留学したためさらに遠くなったのですが、なかなか終わらない翻訳に粘り強くつきあってくださいました。コラムの件など、適切なアドバイスをいただき、やっと完成させることができました。また、表紙のにぎやかなこどもたちと動物の絵を描いていただいたイラストレーターの三田圭介さんには、この本を世間にデビューさせるドレスを身に着けさせてくださいました。これで、もうばっちりです。翻訳者一同を代表してお礼申し上げます。

2011年3月

梅村　浄

索 引

欧文

AAC→拡大・代替コミュニケーション
　　―を使ったコミュニケーション 171
　　―が必要な子どもとは 129
　　―と言語療法 139
　　―の種類 129
ABR→聴性脳幹反応
DSMIG 16, 39
FMシステム 21
FM補聴器 21
OAE→耳音響放射検査
PCS 130
PECS→絵カード交換式コミュニケーション・システム
PVT→絵画語彙発達検査
WPPSI知能検査 142

あ

アイコンタクト 39, 124
あいさつ 177
相手との距離のとり方 122
アメリカと日本の教育システム 172
一語文期 56, 150, 186, 187
インクルーシブ教育 123, 171
運動障害性構音障害 93
栄養士 33
絵カード交換式コミュニケーション・システム 131
遠城寺式乳幼児分析的発達検査法 142
音に注意を向ける 42
音に反応するおもちゃ 52
音の誤り 107
音の違いへの意識を高める 113
音を個別に分析する方法 107
音をひとつずつ評価する方法 147
同じ形を見分ける力 161
覚える単語の選び方 60
親子観察 143
音韻 115
　　―意識 116, 117
音韻プロセス 97, 115, 153
　　―とダウン症の子ども 116
　　日本語の― 117
　　―のタイプ 116
　　―の分析 116
　　―を分析する方法 148
音源定位 42
音声 98
　　―模倣 53

か

絵画語彙発達検査 142
開鼻声 100
解剖学的要因 91
買い物 167
拡充模倣 72
拡大・代替コミュニケーション 128
学童期 185
家族の役割 137
感音性難聴 21
感覚 14
　　―統合 22, 29, 30
　　―の体験 28
　　―の問題とコミュニケーション 32
観察 141
記憶 24
　　視覚的― 25
　　聴覚的― 24
吃音 102, 146
機能語 72
機能的行動評価 176

気密耳鏡 18
キャリア文 74
嗅覚 29
共同注視 41
共鳴 24, 99, 146, 154
クーイング 14, 51
口呼吸 23
口の運動 52, 94, 152
口や顔の形態と機能 146
言語 10
　　―音の模倣 54
　　―的要因 103
　　―と遊び 75
　　―のアンバランスな発達 26
　　―の遅れをサポートする 173
　　―の学習と読み聞かせ 76
　　―の基礎 38
　　―の評価 140, 143
　　―表出 26, 144
　　―理解 26, 144
言語療法 11, 150
　　―計画 188, 189
　　―における両親の役割 156
　　―の現場 157
言語療法士 11
　　―との話し合い 156
語彙 27, 78, 156
　　―を増やし、概念を広げる 63
　　―が急に増える時期 80
　　―と認知力との関係 80
　　表出― 80
　　読みと― 81
　　理解― 80
構音 23, 97, 147, 152
　　―指導 113
　　ダウン症の子どもの― 106
　　―に対する家庭での取り組み 113
　　日本語の― 110
　　―の記録用紙 112
　　―の発達標準 110

―の問題の原因　107
　　―の練習を行うのに適切な時期
　　　115
　　―方法　109
口腔感覚機能　97
交互反復運動検査　148
抗生物質　20
声　154
　　―から音へ　53
　　―の大きさ　98
　　―の高さ　98
呼吸　51
語順　25
　　―によって意味が変わる　71
語想起　26
コップ　34
子どもに合った本選び　161
語尾によって意味が変わる　72
コミュニケーション　10
　　生きた―　120
　　―が持つ力　33
　　―の機会　171
　　―の基礎　36
　　―の体験　32
　　―の動機づけ　170
　　―を育てる環境選び　170
コミュニケーションブック　130
コミュニケーションボード　130
固有感覚　29
語用論　27, 120, 145, 156
　　―とダウン症の子ども　120

さ
サイトワード　163
サイン言語　12, 58, 129
作業療法士　22, 33
三語文期　70, 73, 151
ジェスチャー　37, 103, 129
支援グループ　28
耳音響放射検査　19
視覚　22, 28, 39

　　―的処理　25
　　―的体験　29
耳管　18
歯間音　109
指示関係の理解　50
指示のことば　173
視知覚　39
しっかりしたコミュニケーション
　　モデル　170
ジャーゴン　16, 53
集中力をつける　160
周波数　18
手術の共鳴への影響　100
授乳時の姿勢と中耳炎との関係
　　20
ショー・アンド・テル　170
小学校　173
情報の処理　25
食事を作る　167
触覚　22, 29, 44
　　―的体験　31
神経学的機能　93
唇歯音　109
新生児期　184
スイッチ　49
生育歴　141
声質　98
声帯振動　110
生理学的要因　92
舌突出　92
前置詞　66
　　―句　74
船長さんの命令ゲーム　39
相互注視　39
騒々しい教室での聞き取り　21
側音　109
速度　100

た
ダウン症医療団体→DSMIG

ダウン症と自閉症スペクトラム障
　　害の合併　121
ダウン症の子どもの言語療法ガイ
　　ドライン　186
ダウン症の子どもの語彙　80
ダウン症の子どもの構文練習　86
ダウン症の子どものコミュニケー
　　ション評価ガイドライン　184
ダウン症の子どもの身体的特徴
　　23
ダウン症の子どものための教材と
　　指導法　163
ダウン症の子どもの明瞭度の問題
　　90
ダウン症の人の健康管理ガイドラ
　　イン　16
多語文期　187
田中ビネー知能検査　142
食べること　33, 51
誕生　186
地域でのコミュニケーション　175
地域で必要な語彙を増やす　177
知覚　14
地図　168
注意力　39
注視　41
中耳　18
中耳炎　18
　　急性―　18
　　滲出性―　18, 31
　　―の治療　20
　　慢性滲出性―　18
抽象的思考力　25
聴覚　16, 28, 41
　　―障害　92
　　―的処理　25
　　―的体験　30
　　―的弁別　26
　　―的弁別法　153
聴覚連合　43
聴性行動反応聴力検査　19

聴性脳幹反応　19
聴知覚　41, 93
聴力検査　16
追視　41
手遊び歌　47
ディアドコキネシス　148
低緊張　23
ティンパノメトリー　19
デシベル　16, 18
伝音性難聴　17, 18, 19
伝達意図　36, 123
伝統的な構音指導　152
トータル・コミュニケーション　58
　　―を家族みんなで使うために　61
友だちとのコミュニケーション　175
取り出し指導　157

な
慣れた聞き手と明瞭度　104
喃語　14
難聴とダウン症　19
難聴の区分のしかた　17
二語文期　70, 71
日本語の特徴　165
日本語の読み　165
乳児期　184
　　―の音遊び　107
乳幼児精神発達診断法　142
認知　24, 48
飲むこと　33

は
ハイテクコミュニケーションエイド　132
配列　24
弾き音　109
バックレーの読み修得のためのプログラム　164

発語失行　95
　　―の指導法　95
　　―の特徴　95
　　発達性―　95
発達質問紙　141, 143
発達の目安　14
発達標準　110
話しことば　11
　　―の指導　152
　　―の聴覚的印象　97
　　―の評価　145
　　―の明瞭度　23, 90, 154, 171
　　―を使わないコミュニケーション　128
話すための基礎　51
話せない子どもの言語評価　144
速さ　154
般化　24
被刺激性の検査　147
標識　168
標準化された検査　141
表情　103, 125
プレスクール　170, 187
プロソディ　96, 102
文法　27, 83, 155
平衡感覚　29
閉鼻声　99
ペーシングボード　73, 88
弁別素性　108, 153
　　日本語の―　111
　　―を用いて分析する方法　147
ホール・ランゲージ　158
補聴器　17
哺乳びん　20
　　取替えパック式―　21
本の選び方　67
本の読み聞かせ　67
本を扱いやすくする工夫　161
本を身近なものに　160
本を読み聞かせながら練習する　114

ま
マカトン法　59
味覚　29
身振り　120
ミルク　20
明瞭度に影響を及ぼす要因　91, 103
明瞭度の検査　148
明瞭度を上げるために　104
文字に関心を持たせる　161
物の永続性　48
模倣　44
　　身振り―　46

や
役割分担表　168
要求　126
　　―すること　37
幼児期　185
幼稚園　173, 187
予定表　168
読み書きと言語　160
読みを毎日の生活の中に組み込む　162
読みを身につけられるプログラム　163
読む力を育てるための経験　167

ら
ラブ・アンド・ラーニング　163
流暢性　23
レシピ　167
ロウティック音　109

わ
話者交替　32, 36

ダウン症の子どもがいきいきと育つ ことばとコミュニケーション
－家族と専門家のための実践ガイドブック

2011年4月1日発行　第1版第1刷©

著　者	Libby Kumin（リビー クミン）
監　訳	梅村 浄（うめむら きよら） ほか
発行者	長谷川 素美
発行所	株式会社メディカ出版
	〒564-8580　大阪府吹田市広芝町18-24
	http://www.medica.co.jp/
編集担当	今中桂子
装　幀	藤田修三
表紙イラスト	三田圭介
印刷・製本	株式会社NPCコーポレーション

本書の複製権・翻案権・上映権・譲渡権・公衆送信権（送信可能化権を含む）は、株式会社メディカ出版が保有します。

ISBN978-4-8404-3670-0　　　　　　　　　　　　　　　　Printed and bound in Japan

当社出版物に関する各種お問い合わせ先（受付時間：平日9：00〜17：00）
- 編集内容については、編集局 06-6385-6931
- ご注文・不良品（乱丁・落丁）については、お客様センター 0120-276-591
- 付属のCD-ROM、DVD、ダウンロードの動作不具合などについては、デジタル助っ人サービス 0120-276-592